通勤大学実践MBA

店舗経営

グローバルタスクフォース(株)=著
GLOBAL TASKFORCE K.K.

通勤大学文庫
STUDY WHILE COMMUTING
総合法令

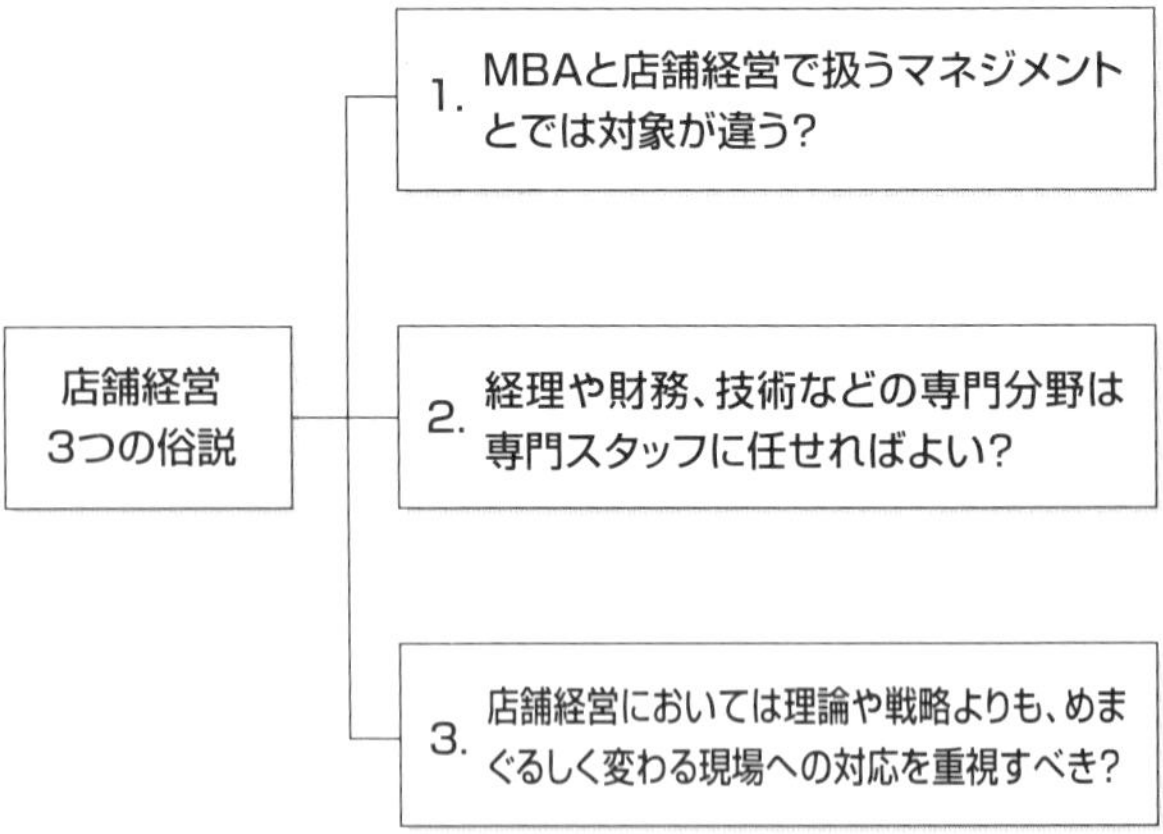
店舗経営
3つの俗説
1. MBAと店舗経営で扱うマネジメントとでは対象が違う?
2. 経理や財務、技術などの専門分野は専門スタッフに任せればよい?
3. 店舗経営においては理論や戦略よりも、めまぐるしく変わる現場への対応を重視すべき?

店舗経営にまつわる三つの俗説

「ＭＢＡと店舗経営で扱うマネジメントとでは対象が違うのではないか」

『実践ＭＢＡ　店舗経営』というタイトルを見て、このような疑問を抱いた人は多いのではないでしょうか？　また、通常から「経理や財務、技術などの専門分野は専門スタッフに任せればよいものであって、経営者はマネジメントの領域をまんべんなく理解する必要はない」という考えや、「店舗では理論や戦略よりも、日々刻々とめまぐるしく変わる現場に対応すべく、地に足のついた経営を重視する必要がある。さもなくば生き残っていけない」という信念を持っている人もたくさんいることでしょう。実際に、店舗経営などの現場でこのような意見はしばしば聞かれるものです。

もちろん、店舗は現場でありオペレーションの実践の場でもあるため、徹底して具体的な施策をどんどん打ち出していかなければ成り立たないことも確かです。しかし、これらの考えには認識のズレが生じている危険性があります。

1　MBAと店舗経営で扱うマネジメントとでは対象が違う？

「MBAと店舗経営で扱うマネジメントとでは対象が違うのではないか？」という疑問は店舗に限らず、中小企業の経営についてもあてはまるのではないでしょうか。では、本当にMBAで扱うマネジメントの領域は大企業のグローバル経営が中心であって、店舗や中小企業の経営などは対象としていないのでしょうか？

答えはNOです。MBAで扱うマネジメントは**事業を営むために最低限考えなければならない基本領域**であり、それをマスターすることが求められるのです。

経営に大企業も中小企業も個人企業もありません。むしろ、業務内容が細分化される大企業よりも、中小企業のほうが業務範囲が広いため、よりMBA的な広範囲のマネジメント領域の把握を必要とします。ましてや、店舗を統括する店長ともなればいわば店のトップ（ミニ社長）でもあり、その必要性はより高まるといっても過言ではないでしょう。

実際に、MBAプログラムの目的はマーケターや戦略担当者、会計・財務の専門家を育成することではありません。事業の運営に必要なマネジメント全般を学ぶことによって、文字どおり**経営ができるバランス感覚**を養うことです。多くのトップ経営大学院を出た優秀な国内外MBA卒業生の多くが、最終的なキャリアゴールを大企業のマネジメントではなく起業や中小企業のマネジメントに置くのも、専門家ではなく「経営または経営補佐」をしたいという気持ちの表れなのです。

2 経理や財務、技術などの専門分野は専門スタッフに任せればよい？

店長を含む経営者にとって最も大事なのは、技術や営業など、いずれかに秀でたマネジメントの領域を伸ばしていくことではありません。経営にまつわるあらゆるマネジメント領域について少なくとも「理解」し、その理解に基づいてほかのスタッフを管理し、指示していくことです。これは大企業・中小企業・個人事業すべてに共通していえることです。

「経理や財務、技術などの専門分野は専門スタッフに任せればよい」と考えている経営者も多いでしょうが、それは正しい考えとはいえません。もちろん、経営者がすべての領域の隅々まで深くマスターして専門家になる必要はありません。しかし、少なくとも経営者が事業の運営にまつわる各分野のマネジメントを理解できていないと、専門スタッフに任せたはずの各業務に対する評価や、実行するのか実行しないのかといった意思決定そのものができなくなってしまう恐れがあります。

自店（または自社）の内部スタッフとの話の中に限らず、会計事務所や監査法人、さらに外部コンサルタントといった外部スタッフとのコミュニケーションの場でも、毎日必ずといっていいほどあらゆる分野での意思決定をする機会があります。その都度、専門家の意見を聞いてそれをそのまま実行していたのでは、経営の一部しか理解していない外部の人間に、自店（または自社）における経営そのものの意思決定を委ねてしまうことにほかなりません。極端ないい方をすると、これは「経営放棄」です。

日々の経営には常に共通する答えは存在しません。なぜなら、場面によって異なる前提があるからです。そのため、重要なのはあらゆる領域のマネジメントルールを体系的に理解することであり、ビジネスの場面場面における前提によってベストな意思決定がどのように変化し得るかを理解することです。

3　店舗経営においては理論や戦略よりもめまぐるしく変わる現場への対応を重視すべき？

「店舗経営においては理論や戦略よりも、日々刻々とめまぐるしく変わる現場に対応すべく、地に足のついた経営を重視する必要がある。さもなくば生き残っていけない」という考えは、半分正しく、半分正しくないといえます。

ここで、①戦略も戦術も理解して実行できる、②戦略は理解していないが戦術は理解し、実行している、③戦略は理解しているが、戦術は理解・実行できていない、④戦略も戦術も理解しておらず実行もできていない、という4つのパターンの店舗があるとしましょう。どのケースが最も優秀で、どのケースが最も悪いといえるでしょうか?

答えは明らかでしょう。①が最も優秀で、④が最悪のケースです。

優秀なものから順に並べると、次のようになります。

①戦略も戦術も理解して実行できる店舗
②戦略は理解していないが戦術は理解し、実行している店舗
③戦略は理解しているが、戦術は理解・実行できていない店舗
④戦略も戦術も理解しておらず実行もできていない店舗

ここで注意が必要なのは、②と③の間にある差とは比べものにならないほど大きな差が、①と②との間に見られることです。つまり、一番優秀な店舗と二番目に優秀な店舗の間には、店舗経営能力とそれによる業績において、考えられないほど大きな差が出てくるということです。

いわゆる「机上の空論」や「地に足のついていない経営」とは、主に③のような状態の

ことをいいます。つまり、理論は理解できていても、具体的に何をどうすればよいのかがわからないため行動に移せないというケースです。

それに対して、多くの店長や中小企業のオーナー、個人事業主に多いのは、②の「ビジネスの体系的な仕組みや方向性（**戦略**）を理解するよりも、日々の現場における施策（**戦術**）をいかに現実的に展開していけるか」ということに没頭してしまうケースです。たとえていうなら、魚のいないところで釣り針にエサをつけ、一生懸命竿を垂らしているようなものです。重要なのは、まずは魚を見つけてから、効果的なエサで魚をおびき寄せることなのです。

もうおわかりの方もいらっしゃるでしょう。戦略と戦術に関しては「どちらが重要か」といった類の問題ではなく、両方ともが絶対に必要なのです。まず戦略があり、その戦略に基づいた戦術を施していって、初めて経営といえるのです。

くり返しますが、店長を含む経営者にとって戦略と戦術は両方とも必要なものであり、そこに「どちらがよいか」という選択肢は存在しません。たとえ戦略を理解していたとしても、具体的な施策を打つことができなければ意味がないのは明らかでしょう。

ただ、より危険なケースもあります。それは、「多くの競合が存在する中において、どのような方向性で店舗を経営していく必要があるか。そして、それはなぜか」という問題から顔を背けて、長年の経験から導き出されたマニュアル的な戦術（施策）だけを打っているケースです。それでは、単なるノウハウ集に基づく条件反射で終わってしまいます。

このような戦術経営は、経営者曰く、いわゆる「長年の経験に基づく確かな経営」であるかもしれません。しかし、経験に基づく意思決定がいかに危険か、ということはアメリカの経営学者ドラッカーも継続的に訴えています。なぜなら、市場や競争の原理など、その経験の土台となっているほんの少しの前提が変わっただけで、その「経験に基づく意思決定」は崩れてしまうからです。

そうなれば、環境変化への対応ができず、応用も効かない「思考停止」状態における意思決定となってしまいます。たとえ個別の施策は大成功したとしても、店舗全体としては誤った方向性へ進んでしまっている可能性が高いわけです。さらに、そのことに本人がまったく気づかず、我に返ったときにはもう遅い……というケースは実際に多く見られます。

重要なのは、戦略と戦術に関しては「戦略か戦術か」という二者択一問題ではなく、**「いかに戦略を理解し、その戦略を基にした戦術を実行できるか」**という記述問題であることを改めて認識していただくことです。なお、「戦術＝超短期」「戦略＝短期〜長期」と分けて考えると理解しやすいでしょう。

店舗経営に関しては優れた施策本が多く存在します。しかし、前述のとおり「具体的な施策本＝マニュアル的な戦術のノウハウ集」となってしまうため、この戦術だけで経営を行うことはあまりにもリスクが高いといわざるを得ません。

一方、具体的な戦略を記した本も少ないのが事実です。多いのは、いわゆる原理原則に終始する戦略本です。これらが経営戦略の立案〜実行までを網羅しようとすると、機械的に環境分析や外部環境分析、マクロ分析、業界分析……と数え切れないほどのプロセスとステップ、そして分析の嵐となってしまいます。これらが難解かつ堅く見えるのは、各分析のレベルがバラバラで体系的に把握・グルーピングできていないうえ、どうしても総花的になってしまい、具体的な戦術部分とつながっていかないからなのです。

本書は、店舗経営のプロセス順に、具体的な戦術の例を含め、じっくり咀嚼していけるような構成になっています。

①自店の外部（業界・競合・顧客）および内部（自店）環境を把握する

②その前提における自社にとってのベストな方向性を決める（戦略）
③その方向性に基づく具体的な到達方法（戦術）を考える

複雑に考えることはありません。この三つのプロセスを常に頭に置いて読み進めていただくだけでよいのです。

戦術の例として挙げたものの多くは、業界や商品特性によって異なる施策も含まれています。どの戦術が自店にあてはまるのかについては、本書を読み進めながらほかの文献やインターネットなどから必要に応じて調べていただければよいでしょう。

店舗経営で重要なのは、まず経営の体系図を把握し、原理原則を理解することです。そのうえで自店（社）が日々行っている戦術的な施策がどう関わっているか、さらにはどのような状況で、どのような施策がとられるべきかについて、従来見えなかったブラックボックスの部分を解き明かすことです。

本書を通して店舗経営の全体像を把握し、場当たり的な戦術ではなく、自分の頭で考えて納得したうえで、状況に応じた戦略＆戦術を検討・提案・実行できるようになることを願っています。

目次

第2章 内部環境分析

第3章 戦略の策定（店舗コンセプトの策定）

第4章 戦術の策定（マーケティングミックスの策定）

■店舗経営概論■

店舗経営の体系マップ（18ページ）を見てください。図のとおり、本書は店舗経営に必要な①前提条件を収集・分析し、②自店の方向性を決定し、③その方向性に基づいた具体的な施策を決定していく、といった三つのプロセスに分けられています。注意していただきたいのは、それらは理論のための理論ではなく、常に自店にあてはめながら「各プロセスの記述が何を意味しているのか」、さらには「どのように現場で活かされるのか」について考えていただくことを目的としていることです。

では、それぞれ具体的に確認してみましょう。

①前提条件の収集・分析

まずは前提条件を収集し、分析を行います。ただ、この分析を始める前に認識すべきことがあります。

それは店舗経営にあたり、分析のための分析（目的のない分析）やあいまいな視点での情報収集をしてはならないということです。競合分析や自店分析の項目でも詳しく述べま

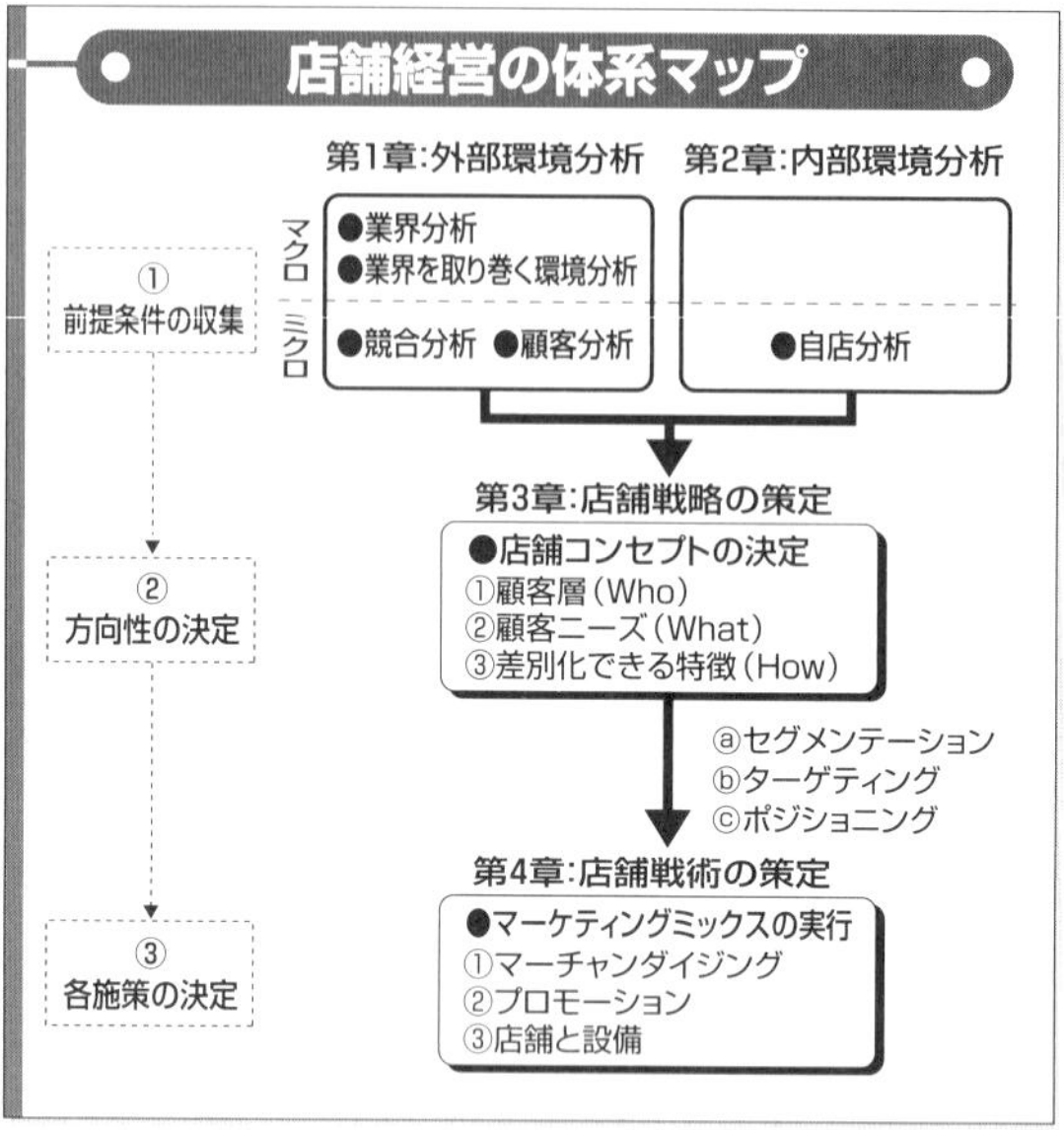

すが、その情報収集・分析によって「どのようなメッセージを得たいのか」「どの程度具体的なアウトプット（成果）を出したいのか」ということを初めに明確化し、分析を進めていく中でも常に意識することが最も重要なのです。それを決して忘れてはなりません。

　ともすれば、この種のリサーチやさまざまな形の分析そのものに集中しすぎて、「木を見て森を見ず」というような状況に陥りがちです。何のための分析をしているのかを途中で忘れてしまっていた、というのでは意味がありません。そのような本末転倒の結果を導いてしまわないよう、常に目的を自問自答し続けながら進めていくことが重要です。

本書における店舗経営の目的は「どうにか経営を続けていくこと」ではありません。「将来にわたり、継続的に自店の優位性を構築していくための店舗戦略の設計と、その設計に基づく具体的戦術（施策）の展開により、安定した利益の獲得を実践していくこと」です。

よって前提条件収集のステップでは、外部環境分析（マクロおよびミクロ）に含まれる業界分析・競合分析・顧客分析（第1章）と、内部環境分析にあたる自店分析（第2章）を基に、本書における店舗経営の目的である「将来にわたり、継続的に自店の優位性を構築」するための基準をまず明確にしていきます。

②自店の方向性の決定

前提条件を把握した分析の結果といえる自店の方向性の決定は、前述の目的のうち「店舗戦略の設計」に該当します（第3章）。つまり、この自店の店舗コンセプト（戦略）を決めるために、最初のステップで前提条件を収集して分析を行うわけです。

③自店の方向性に基づいた各施策の決定

自店の店舗コンセプト（戦略）が定まったら、そこで初めてその戦略に基づく戦術といえる具体的な各種施策を決定します（第4章）。ここでは間違っても、日々行っている仕入・在庫管理や朝市、チラシなどのプロモーション、規模や駐車場など店舗・設備の形態を場当たり的に実践してはなりません。前ステップである店舗コンセプト（戦略）に基づいた施策を、限られた資源の有効活用のために優先順位を決めて取捨選択しながら進めていく必要があります。

くり返しますが、戦略の策定は机上の空論ではありません。そう考えている方は戦略そのものが的確に策定されていないか、ここで述べた店舗経営の目的とプロセスが体系的に理解できていないかのどちらかでしょう。あくまで、①前提条件で実現可能なことを明確にし、②それを基に具体的な店舗コンセプトを設計したうえで、③そのコンセプトに合った施策を行うというプロセスが不可欠なのです。

これらについての理解は、各プロセスについて詳細に述べた本書の内容以上に重要です。このことを完全に自分の頭の中で咀嚼し、納得したうえで本書を読み進めてください。

第1章

外部環境分析

- 1. 業界の収益構造
- 2. 業界全体のマーケットサイズ

- 1. 政治環境
- 2. 経済環境
- 3. 社会環境
- 4. 技術環境

- 1. 競合相手
- 2. 競合の概要
- 3. 競合の店舗戦略
  - 1. 顧客層（誰に）
  - 2. 顧客ニーズ（何を）
  - 3. 差別化できる特徴（どのように）
- 4. 競合のマーケティングミックス
  - 1. マーチャンダイジング
  - 2. プロモーション
  - 3. 店舗・設備
- 5. 競合の反応の予測

- 1. 商圏特性
- 2. 商圏内の既存・潜在顧客
- 3. 顧客属性
- 4. 顧客ニーズ

- 1. 定量
  - 1. 収益性 …… 売上高・粗利益、損益分岐点売上高など
  - 2. 安全性 …… キャッシュの潤沢さなど
  - 3. 生産性 …… 人の生産性、モノの生産性
- 2. 定性
  - 1. 人・組織 …… スタッフの質・量、組織体質など
  - 2. マーチャンダイジング …… 品揃え、仕入、在庫など
  - 3. プロモーション …… 店外、店内
  - 4. 店舗・設備 …… 売場面積、駐車場、店舗構造など
  - 5. 情報活用度合い・管理体制 …… ルール、財務数値など

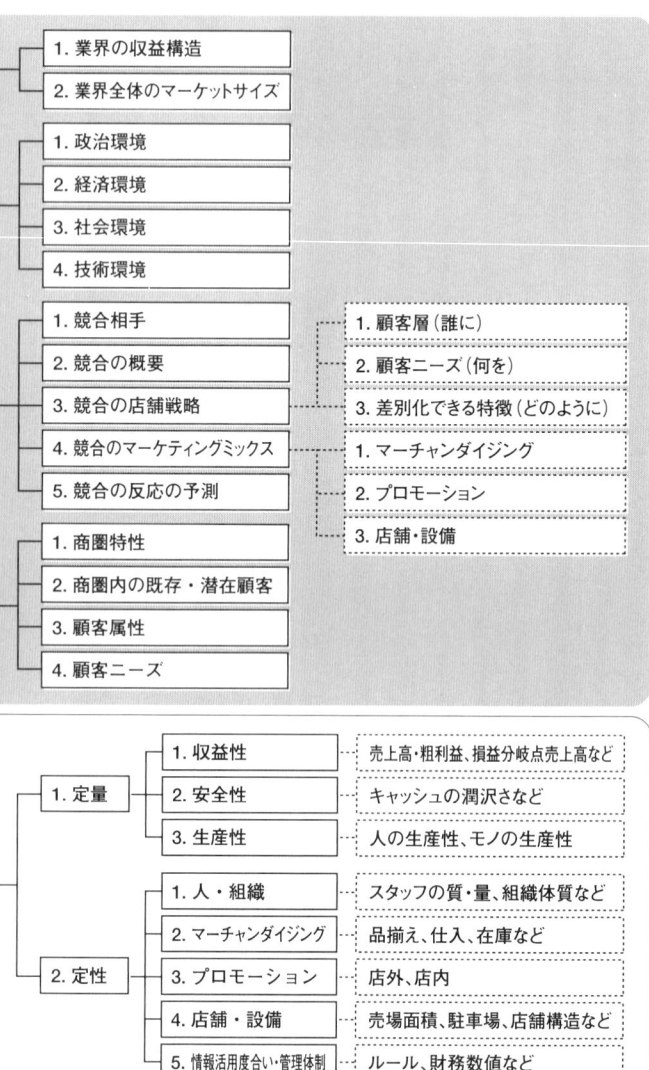

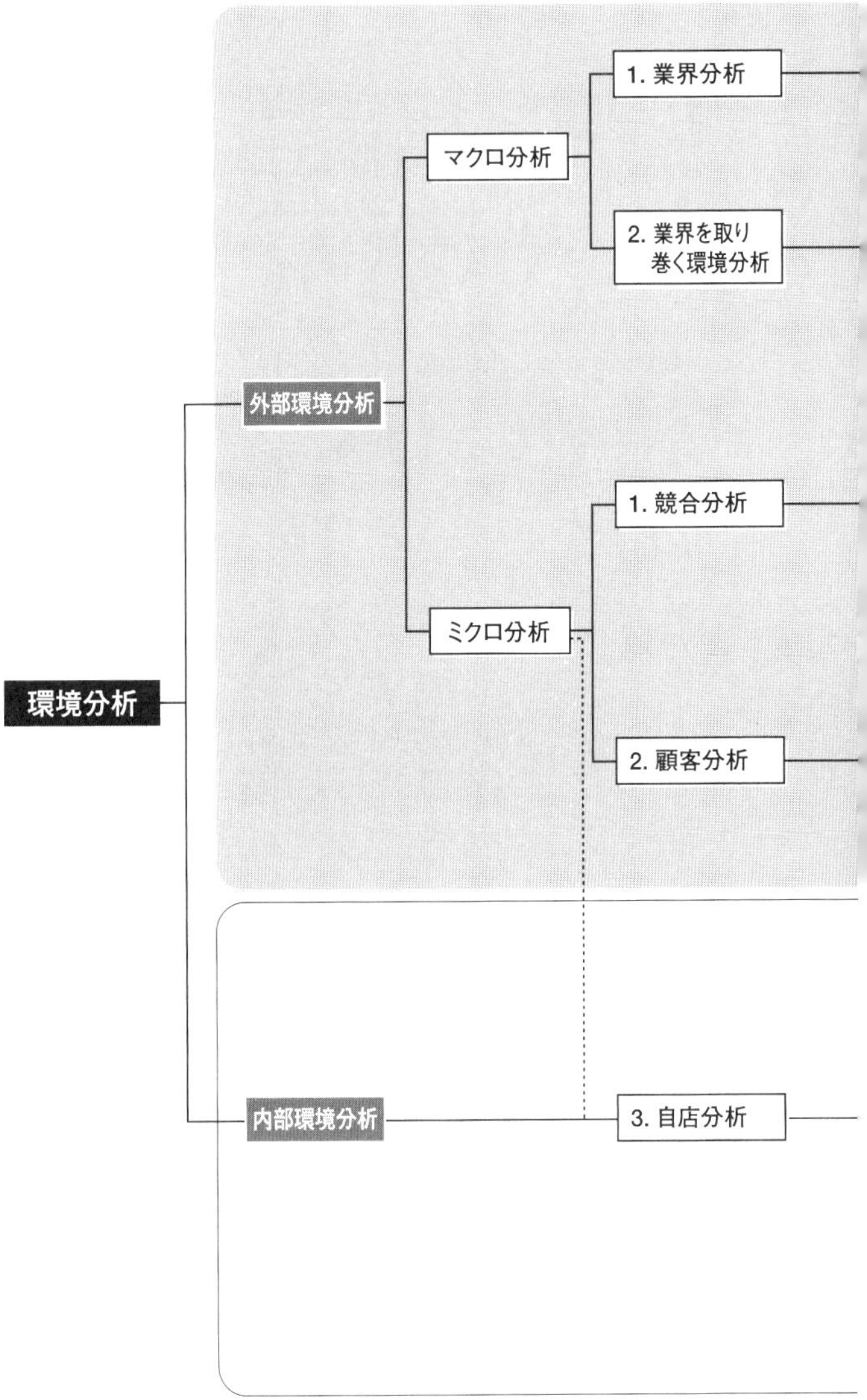
環境分析
外部環境分析
マクロ分析
1. 業界分析
2. 業界を取り巻く環境分析
ミクロ分析
1. 競合分析
2. 顧客分析
内部環境分析
3. 自店分析

1-1 業界分析①　～業界の収益構造～

店舗経営について考える際、最初にすべきことは**業界分析**です。業界分析では、まず①業界の収益構造（自店の属する業界がどの程度儲かる業界なのか）、②業界全体のマーケットサイズの二点について把握します。

①業界の収益構造

まずは、全国の健全企業の平均値で、自店の属する業界がどの程度儲かる業界なのかということを検討します。全国平均値を上回る利益率を実現するには、相当な店舗の力が必要になります。

図を見てください。たとえばスーパーマーケットの場合、売上高から商品の仕入原価を差し引いた粗利益率は二二・五%しかありません。ということは、この業界では人件費や店舗の家賃、建物減価償却費などの販売費・管理費を売上の二二・五%以内に抑えないと赤字になってしまうということです。

健全企業の対売上高比率

（単位:%）

		小売業総平均	スーパー	コンビニ	男子服小売業	婦人・子供服小売業	酒小売業	家具小売業	医薬品小売業	書籍・雑誌小売業	飲食店平均
売上高		100	100	100	100	100	100	100	100	100	100
売上原価率		69.3	77.5	72.1	62.0	62.5	80.3	63.3	65.1	71.3	40.5
粗利益率		30.7	22.5	27.9	38.0	37.5	19.7	36.7	34.9	28.7	59.5
販管費率	販売費率	13.7	10.5	16.3	16.1	15.6	6.0	14.8	12.9	13.2	25.5
	管理費率	14.7	10.4	9.3	20.1	19.4	12.1	18.4	18.6	12.0	30.2
	小計	28.4	20.9	25.6	36.2	35.0	18.1	33.2	31.5	25.2	55.7
営業利益率		2.3	1.6	2.3	1.8	2.5	1.6	3.5	3.4	3.5	3.8

出所）中小企業庁編『中小企業の原価指標』『中小企業の経営指標』（平成14年度調査）

コストは、その種類により、一店舗で負担するよりも多店舗で共有したほうが一店舗あたりの負担が安くなる場合があります。たとえば、原材料や商品の仕入にかかる費用などは、一度に大量に契約することでコストを抑えることができます。一〇〇円ショップで有名な大創産業なども、一店舗ごとではなく国内外に二〇〇〇以上ある店舗用に商品を発注することによって一店舗・一商品あたりのコストを低くしているのです。また、ＰＯＳシステム導入費や事務費用などの管理コストも、多店舗で共有したほうが一店舗あたりの負担は軽くて済みます。

さらに、利益率で見てみましょう。たとえ自店の強みとノウハウを活かして顧客を取り込むことができるという前提であっても、利幅の程度を示す売上高対営業利益率があまりにも低いようであれば、事業のしくみについて再考すべきです。この数値は当然業界によって異なりますが、最低でも五％は目標にしていきたいところです。

また、売上高に関して、業態別売場面積一㎡あたりの年間商品販売額を知ることも有用でしょう。左ページの図を見れば、業態によって一㎡あたりの年間商品販売額に差があることがわかります。コンビニエンスストア（一五〇〇万円）が最も多く、坪効率のよい業態といえます。

業態別売場面積１㎡あたりの年間商品販売額

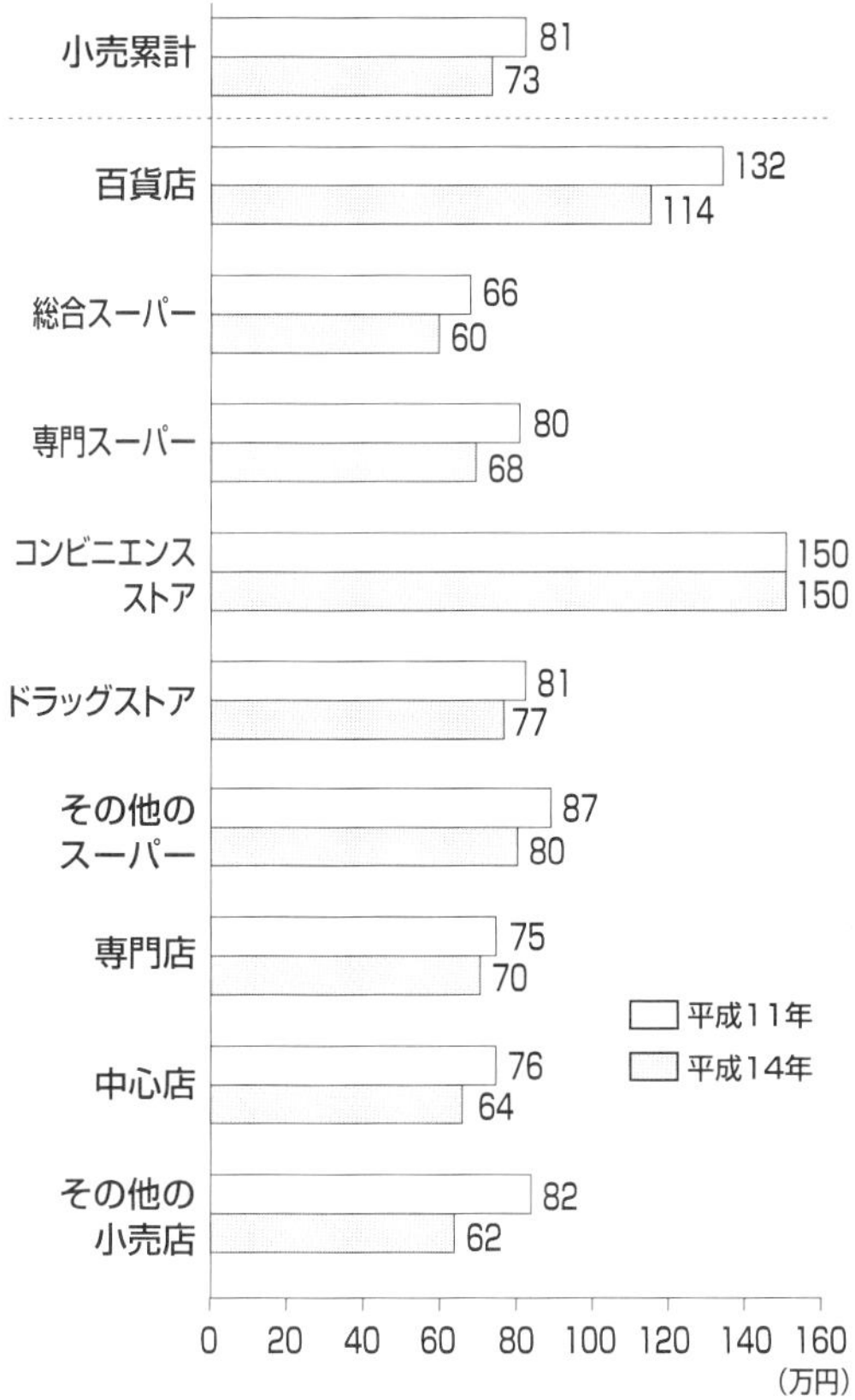

・コンビニ（150万円）が最も多く、次いで百貨店（114万円）
・前回比は、店舗の大型化から、コンビニでの横ばいを除き、他の業態は減少

出所）経済産業省「平成14年度 商業統計調査」

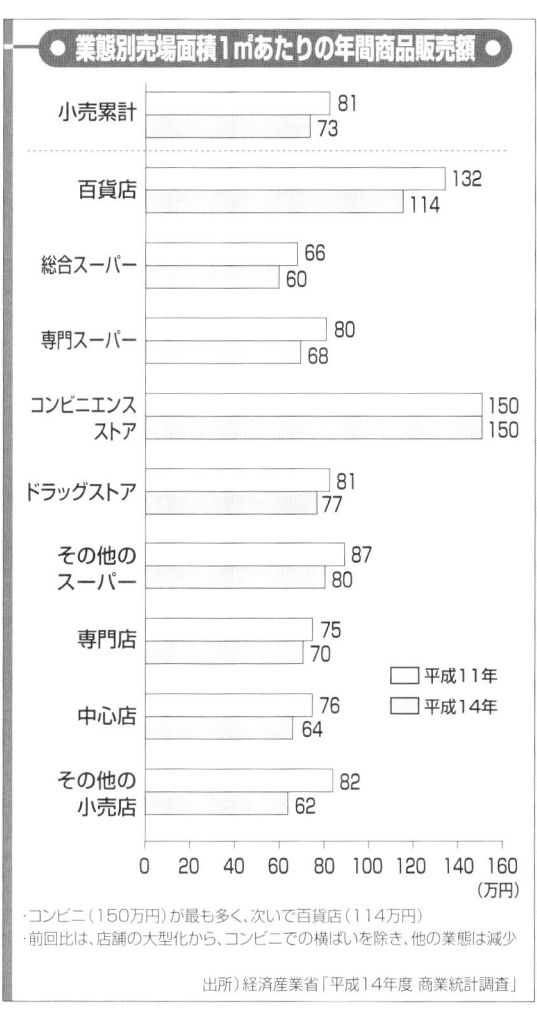

1-2 業界分析②　～業界全体のマーケットサイズ～

①業界全体のマーケットサイズ

自店の属する業界の収益構造が把握できたら、次は業界全体の動向をキャッチします。経済産業省が公表している商業統計表には、主要な小売業の事業所数や従業者数、年間販売額、売場面積などの数値と、その推移が掲載されています。それらの動きを見て、現在自店の属する業界がどのような状態にあるのかを大まかにつかむのです。

たとえば、左ページの商業統計表で男子服小売業の項目を見てください。事業所数二万四八五五、従業者数九万一四五一人、年間商品販売額約一兆四八五〇億円、売場面積約三三六万㎡となっています。これが男子服小売業のマーケットサイズというわけです。

また、27ページの表には平成一一年と一四年の「売場面積一㎡あたりの年間商品販売額」が、さらに31ページの表には、平成一一年と一四年の「一事業所あたりの年間商品販売額」が記載されていますが、推移を時系列で比較することにより、マーケットサイズが拡大し

商業統計

産業分類細分類		事業所数（計）	従業者数（人）	年間商品販売額（百万円）	売場面積（㎡）
0002	小売業計	1,300,043	7,973,599	135,125,323	140,641,482
55	各種商品小売業	4,995	542,343	17,318,285	22,250,457
551	百貨店、総合スーパー	2,029	522,861	16,938,152	21,705,321
559	その他の各種商品小売業（従業者が常時50人未満のもの）	2,966	19,482	380,133	545,136
56	織物・衣服・身の回り品小売業	185,939	719,847	10,980,231	19,456,403
561	呉服・服地・寝具小売業	29,813	110,979	1,383,482	2,377,318
5611	呉服・服地小売業	17,612	71,976	978,477	1,430,178
5612	寝具小売業	12,201	39,003	405,005	947,140
562	男子服小売業	24,855	91,451	1,485,352	3,365,170
563	婦人・子供服小売業	83,553	313,332	4,959,849	8,503,308
5631	婦人服小売業	79,257	294,594	4,699,528	7,955,348
5632	子供服小売業	4,296	18,738	260,320	547,960
564	靴・履物小売業	14,798	49,733	718,717	1,502,243
5641	靴小売業	12,786	46,034	698,020	1,427,814

<減少傾向の続く小売業の事業所数、年間商品販売額>

1．事業所数…事業所数は全業種で減少
- 事業所数は130万事業所、前回比▲7.6%の減少

2．年間商品販売額…年間商品販売額は引き続き減少
- 年間商品販売額は135兆円、前回比▲6.1%の減少
- 年間商品販売額は、昭和33年の年間での販売額調査開始以降、平成９年まで増加
- 景気低迷に伴う消費不振、価格の低下などから11年、14年と引き続き減少
- 多いのは、飲食料品（41兆円）、各種商品（17兆円）、自動車・自転車（16兆円）
- 業種別の前回比は、医薬品・化粧品（前回比28.8%増）、燃料（同1.1%増）、他に分類されない小売業（同2.3%増）を除き、全業種で減少
- 業種別の構成比は、織物・衣服・身の回り品、家具・じゅう器・機械器具が縮小、医薬品・化粧品、他に分類されない小売業の割合が拡大

<業態別動向>

○ドラッグストア、ホームセンターの出店大幅増
○コンビニの終日営業化がさらに進展

1．事業所数……前回比は、ドラッグストア、専門スーパー、コンビニが増加。事業所数の多い専門店・中心店やその他のスーパー、その他の小売店などは大幅な減少。なお、住関連の専門スーパーの内数であるホームセンターは同49.6%の大幅増

2．年間商品販売額…ドラッグストア（前回比66.9%の大幅増）、コンビニが増加、その他の小売店、専門店・中心店、百貨店などは減少。なお、専門スーパーの内数であるホームセンターは同27.9%の増加

出所）経済産業省「平成14年度 商業統計調査」

ている業界と縮小している業界を把握することができます。しかし多くの人にとって、これらのマクロ的な外部環境を分析することはあまり意味のないものに感じられるかもしれません。では、なぜこのような推移を見ることが重要なのでしょうか？

それは、産業構造の変化がいままで以上に急激に進んでいるからです。流通業界においても、たとえば主役が従来の百貨店からスーパーへ、そのスーパーはさらに数年で国を代表する産業に育ったコンビニエンスストアとより大規模なスーパーセンターへと、急激に世代交代が進もうとしています。二～三年で激変するこの流れをいち早く察知し、その動きに対応するような品揃えおよび店舗の形態へと常に革新していかなければならないのです。

とくに人口が増えない中での競争の激化は、自店にとって限られたパイの縮小を意味します。そのパイをさらに縮小させないように、常に今日の売上だけでなく、一年後、五年後の市場を予測し、前倒しでニーズに合った店舗への変貌へ備える必要があるのです。

自店の属する業界のマーケットサイズに変化が見られるならば、そのような推移・状態となった要因が必ずあるはずです。そこから目を逸らして盲目的に場当たり的対応をするのではなく、要因を探ることによって今後の自店の変化の方向性を探っていくことが何より重要なのです。そこで次項では、要因の究明と将来の変化の予測について見ていきます。

業態別単位あたりの年間商品販売額

業　態	1事業所あたりの年間商品販売額			売場面積（1㎡）あたりの年間商品販売額			就業者1人あたりの年間商品販売額（万円）
	平成11年（万円）	平成14年（万円）	前回比（%）	平成11年（万円）	平成14年（万円）	前回比（%）	
小売業計	10,223	10,394	1.7	81	73	▲9.9	1,953
百貨店	2,463,315	2,246,832	▲8.8	132	114	▲13.6	2,334
総合スーパー	529,920	533,311	0.6	66	60	▲9.1	3,154
専門スーパー	69,265	63,805	▲7.9	80	68	▲15.0	2,956
うちホームセンター	82,527	70,550	▲14.5	46	37	▲19.6	3,375
コンビニエンスストア	15,487	16,073	3.8	150	150	0.0	1,806
ドラッグストア	13,695	17,009	24.2	81	77	▲4.9	2,763
その他のスーパー	9,736	10,290	5.7	87	80	▲8.0	1,903
専門店	6,796	6,732	▲0.9	75	70	▲6.7	1,608
中心店	7,530	7,237	▲3.9	76	64	▲15.8	1,841
その他の小売店	11,125	10,306	▲7.4	82	62	▲24.4	2,285

・1事業所あたりでは百貨店が225億円と群を抜いて高く、次いで総合スーパーの53億円
・前回比では、ドラッグストアとコンビニが増加

出所）経済産業省「平成14年度 商業統計調査」

1-3 業界分析③ 〜業界を取り巻く環境分析（ＰＥＳＴ）〜

前項で述べた業界の分析をさらに進めていくため、ＰＥＳＴ分析を行ってみましょう。

ＰＥＳＴ分析とは業界・店舗を取り巻く外部のマクロ動向を網羅的に把握するためのフレームワークであり、次の四つの頭文字をとったものです。

・Politics（政治的要因）
・Economy（経済的要因）
・Social（社会的要因）
・Technology（技術的要因）

前述のとおり自店の経営を考える場合、単に自店の資産や能力、そしてライバル店の動向だけを見ていればよいというわけではありません。それらの動向に影響を与える背景として、まず土台となる政治や経済、さらには人口統計などの社会や技術変化などの動向を分析して、将来の予測を立てていく必要があります。

たとえば、自店における差別優位性の源泉となっていると考えていた特徴的な技術力が、技術環境の劇的な変化により必要とされなくなることがあります。また政治的な決定により、コンビニエンスストアが参入できなかった風邪薬などの大衆医薬品の取り扱いが条件つきで可能になったりすることがあります。このようなさまざまな機会や脅威について事前に検討することができるのです。

私たちが現在経営している店舗が、政治・経済・社会・技術環境といった四つの「大前提」の下に成り立っているということは、逆にいえば、これらの大前提が少しでも変われば、従来の店舗運営の鉄則や定石そのものが崩れていくということでもあります。それゆえ、個別に自店やライバル店の分析を行う前の段階で、マクロ動向について確認をする必要があるのです。日々の現場の対応に追われて、肝心な店舗の方向性を見誤ってしまい、それが致命傷となってしまうことだけは避けなければなりません。

では、P（Political）、E（Economy）、S（Social）、T（Technology）のそれぞれについて詳しく説明していきましょう。

①P（政治的要因）

大店立地法の制定や消費者保護の強化など、法律的に自店にインパクトを与える環境を把握します。また政治的な動き、たとえば補正予算による減税や公共投資などの財政政策の動向も把握します。これらの変化に対して、どのように商品構成を変え、どのような価格政策をとり、どのようなキャンペーンを打っていくかなどについて、シミュレーションをすることが重要です。

②E（経済的要因）

消費者物価動向、為替動向、景気動向などを指します。

為替動向は輸入・輸出品を取り扱う店舗には直接影響するため、仕入や販売手法に影響が出てきます。景気動向を見る指標はたくさんありますが、代表的なGDP（国内総生産）や日銀短観、消費者態度指数などのほか、自店に直接かかわる指標なども押さえられるとよいでしょう。

③S（社会的要因）

少子高齢化の進展など人口統計的な大きな流れ、貯蓄志向が高まる、五年後に郵便局の満期が到来する人が増大する、家電製品の買い替え需要時期が二年後に到来するなど、大きな社会的トレンドを確実に把握する必要があります。

④T（技術的要因）

ＰＥＳＴ分析

店舗を取り巻く外部のマクロ動向を網羅的に把握するためのフレームワーク

①Politics（政治的要因）
- 大店立地法の制定
- 法律的な消費者保護の強化
- 補正予算による減税、公共投資などの財政政策などの政治的な動き etc.

②Economy（経済的要因）
- 消費者物価動向
- 為替動向
- 景気動向（ＧＤＰ＝国内総生産、日銀短観、消費者態度指数など） etc.

③Social（社会的要因）
- 少子高齢化の進展など人口統計的な大きな流れ
- 貯蓄志向が高まる
- ５年後に郵便局の満期が到来する人が増大する
- 家電製品の買い替え需要時期が２年後に到来する etc.

④Technology（技術的要因）
- インターネットの情報技術の発展
- 革新的サプライチェーンマネジメントシステムの開発 etc.

インターネットにおける情報技術の発展や革新的サプライチェーンマネジメントシステムの開発といった、自店に影響を与える技術革新などに関しては、常にアンテナを伸ばして把握しておく必要があります。

実際には、ある一つの情報を重要か、そうでないかを判断する際には人によって差が生じます。ただ、自店の状況と今後起こり得る可能性についての情報を的確に収集して判断し、機会を逃さないようにするためには、常に変化の準備をしておくことが重要です。もちろん経営陣だけでなくマネジャーや現場レベルの人であっても、このような情報収集を積極的に行い、多面的な環境分析を行う必要があるでしょう。

1-4 競合分析①　～競合相手は誰か、競合の概要～

大前提となるマクロ分析である業界の分析が終わったら、より具体的なミクロ分析を行います。外部環境の中のミクロ分析では競争環境と顧客環境について説明しますが、どれも不可欠な要素です。

競争環境については、競合は誰か、競合の概要、競合の店舗戦略（競争優位性はどこにあるのか）、競合のマーケティングミックス、競合の反応の予測、の五項目について分析します。

まず**競合は誰か**についてです。当然のことながら、自店の商圏内の競合は誰かということを初めに確認する必要があります。すぐに思いつくのは既存の同業態の競合店でしょう。しかし、現状の競争環境はそれほど簡単な構造ではないはずです。なぜなら、異業態の競合店が存在するからです。たとえば、マクドナルドは吉野家とも競合していますし、もっと極端な例では、フィットネスクラブと英会話学校はビジネスパーソンのアフターファイブの時間消費という点で競合しています。

また、現在競合している店舗だけを意識していたのでは不十分です。たとえば外資や大手企業の進出など、今後新規参入してくるであろう潜在的な競合についても情報として把握しておく必要があります。そのためには、建築業者の声や建築申請情報などを入手したりなど、常にアンテナを張ることが重要です。

競合が誰かということが把握できたら、次は**競合の概要把握**をします。その店舗の店舗強度を簡単に分析するわけです。店舗強度の指標となるのは売上高と店舗面積です。これらが自店とどの程度開きがあるか、また商圏全体に占める売上・売場面積の割合を出して判断していきます。このとき、あらかじめ実地調査を行って調べておいた競合の曜日・時間ごとの顧客数と想定される顧客単価により、自店との基本的な力における比較の目安を確認することができます。

競合店の店舗強度が大雑把に分析できたら、次は競合店の店舗戦略（店舗コンセプト）を把握し、商圏においてどのようなポジションにいるのか、また競争優位性はどのような点にあるのかを考えていきます（**競合の店舗戦略の把握**）。

店舗戦略の視点は、競合店が①誰に（顧客層）、②何を（顧客のニーズ）、③どのように

（差別化できる特徴）展開しているかを探ることです。

①誰に（ＷＨＯ＝顧客層）…購買客の年齢層（乳幼児、小学生、中・高校生、二〇代、三〇代、四〇代、五〇代、六〇代など）や家族構成（一人世帯、二人世帯、三人世帯、四人世帯、五人以上世帯など）、世帯の所得などを把握する。それにより独身層が中心なのか、それともファミリー層が中心なのか、また女子高生が多いのかなど、さまざまな切り口での分析ができる。そのうえでそれぞれの層が持つニーズを明確化し、そのニーズを満たすような品揃えやメニューができているかどうかについて確認することができる

②何を（ＷＨＡＴ＝顧客のニーズ）…顧客のどのようなニーズに訴えかけているのかを把握する。たとえば低価格志向や深夜営業、ワンストップショッピング、品揃えの豊富さ、車での買い物ニーズ、家族で買い物を楽しみたい、新鮮な魚・肉が食べたい、安全な車に乗りたいなど。ここから顧客のニーズと品揃えのギャップを測ることができる

③どのように（ＨＯＷ＝差別化できる特徴）…顧客のニーズとウォンツをどのような独自技術で満たしているのかを探る。ここにおける差別化できる特徴とは、文字どおり誰もが簡単に導入・採用・模倣できるような特徴ではない。たとえば地場の仕入に強い、カリスマ美容師などの起用によるブランド力、徹底的なサプライチェーンマネジメントに

競争環境について分析すべき事項

分析の視点	チェックポイント
競合相手は誰か	既存の競合店
	潜在的競合店
競合店の概要把握（競合店の店舗強度の分析）	売上高
	店舗面積
競合店の店舗戦略（店舗コンセプト）の把握	誰に（ターゲットとする顧客層）
	何を（顧客のニーズは何か）
	どのように（そのニーズにどのような差別化できる特徴で展開しているか）
	商圏内のポジション
競合店のマーケティングミックス	マーチャンダイジング（MD＝品揃え・価格）
	プロモーション ①店外プロモーション ②店内プロモーション（インストアMDを含む）
	店舗と設備
競合店の反応の予測	新規参入店の自店への攻撃
	既存店舗の自店への攻撃

よる鮮度訴求、優秀な従業員による接客技術などが該当する。要するに、競合店の売りは何かを把握するわけである

これら三つを把握することにより、競合店が商圏においてどのようなポジションで戦っているのかが明確になります。

重要なのは、これらの分析によってどの競合のどの部分が自店にとって参考になるのか、また最も脅威となるのかを明確化し、その対処策に優先順位をつける材料とすることです。したがって、他店の目標や特徴、そして対象顧客など、自店とのコンセプトの違いや実績値としての顧客数、売上推定値との比較ができるよう、より具体的でポイントとなる情報を集めることが大切です。

競合店の概要把握

競合相手が誰であるかが把握できた後は、具体的に競合店について調査しますが、その前に競合店の概要、つまり競合店の強さを把握する必要があります。

店舗の強さを見るには、売場面積と売上高に着目します。競合店のこれらが自店とどのくらい差があるかを、商圏全体に占める売場面積および売上高の割合で判断するのです。店舗は規模により集客力・品揃えに大きな差が出るため、まずこの二つを把握し、あまりに競合店が強い相手であるようならまともに勝負をせず、競争を回避するような戦略を考えなければなりません。

売場面積シェアは、「自店または競合店の売場面積÷商圏全体の売場面積」で求められます。競合店の売場面積に関して情報がなければ、実際に競合店に出向いて実測します。商圏全体の売場面積は、自店が競合として把握するすべての店舗の売場面積合計です。

たとえばある自店の売場面積が三〇〇坪、競合店の売場面積が五〇〇坪、商圏全体の売場面積が六〇〇〇坪である場合、自店と競合店の売場面積が商圏全体の売場面積に占める割合を計算してみましょう。

・自店の売場面積シェア＝三〇〇坪÷六〇〇〇坪＝五％
・競合店の売場面積シェア＝五〇〇坪÷六〇〇〇坪＝八・三％

このケースでは、明らかに競合店のほうが売場面積シェアが大きいため、まともに攻撃を仕掛けたり、ゲリラ作戦を展開したりするのは困難といえるでしょう。

一方、売上高で店舗強度を見るのは少し面倒です。なぜなら、商圏の大きさ（マーケットボリューム）を計算しなければならないからです。

自店の属する商圏の大きさ（マーケットボリューム）の算出は次の手順で行います。

①地域ごとの世帯人口を調べる
②自店が取り扱う商品の消費額を調べる
③「世帯人口×消費額」で商圏の大きさ（マーケットボリューム）を算出する

まず、地域ごとの世帯人口については、国勢調査に基づく人口統計データや、住民基本台帳に世帯人口が掲載されています。『民力２００３』（朝日新聞社）などにも掲載されているので利用するとよいでしょう。

たとえば、自店が東京都の中野都市圏に属していたとしましょう。中野都市圏の二〇〇二年の世帯数は一六万三二七三世帯です。

次に自店が取り扱う商品の消費額を調べます。総務省のホームページに家計調査の統計が公表されていますが、その中に都市階級・地方・都道府県庁所在市別一世帯あたり年間の品目別支出金額（全世帯）があります。

たとえば自店が東京都中野都市圏の家具店の場合、このデータの中から東京都市部の自店が取り扱う品目に関する一世帯あたりの年間支出額を抽出します（図参照）。

それでは、図の数値を用いて「世帯人口×消費額」で中野都市圏の家具に関する商圏の大きさ（マーケットボリューム）を計算してみましょう。

世帯人口一六万三二七三世帯×一世帯あたり年間支出金額一万六七五七円
＝二七億三五九六万円

このようにマーケットボリュームが計算できたので、競合店と自店の商圏内シェアを次の式で計算します。

・競合店のシェア＝競合店の売上高÷商圏の大きさ（マーケットボリューム）
・自店のシェア＝自店売上高÷商圏の大きさ（マーケットボリューム）

たとえば、自店の年間売上高が二億円の場合、シェアは二億円÷二七億三五九六万円＝七・三％となります。特定競合店の売上高が四億円の場合、シェアは四億円÷二七億三五九六万円万円＝一四・六％となります。

もし、特定競合店の売上高に関する情報がない場合は、中小企業庁編『中小企業の経営指標』の「売場面積三・三㎡（一坪）あたり売上高」などを参照し、その数値に推定売場面積を掛けて計算します。

たとえば、特定競合店（従業員二〇名）の推定売場面積が一〇〇坪である場合、売場面積三・三㎡（一坪）あたり売上高が一五〇万円（中小企業庁編『中小企業の経営指標』平成一四年度調査、家具小売業、従業員一一〜二〇名の場合）なので、一〇〇坪×一五〇万円＝一・五億円と計算できます。


東京都市部の1世帯あたり年間支出金額（平成14年）

品目	金額
一般家具	8,379円
たんす	1,283円
食卓セット	2,797円
応接セット	1,492円
食器戸棚	840円
他の家具	1,966円
合計	16,757円

1-5 競合分析②　～競合のマーケティングミックス〈その1〉～

競合店の店舗戦略と商圏でのポジショニングを把握したら、次はそれに基づくマーケティング政策（**マーケティングミックス**）を分析します。マーケティングミックスとは、店舗がターゲット市場で自社の目標を達成するためにさまざまなマーケティング・ツールを戦略的に組み合わせることですが、それを分析する切り口としては次の三つがあります。

①マーチャンダイジング（MD）
②プロモーション
③店舗と設備

ここで重要なのは、分析のための分析をすることではなく、「その分析の結果、どのようなメッセージを得たいのか」をはっきりさせることです。そのことを常に頭に置きながら、競合の分析を進める必要があります。

つまり、自店を評価して今後の戦略を考えるための抽象的な良し悪しを評価するのではなく、第三者である顧客の立場に立ったときに、果たして「他店（競合）に比べて、どの部分がどの程度良いのか、または悪いのか。そしてそれはなぜか」ということを具体的に明確化させなければならないということです。では、それぞれを詳しく見ていきましょう。

①マーチャンダイジング（ＭＤ）

「適正な商品を、適正な場所で、適正な時期に、適正な数量を、適正な価格でマーケティングすることに関する諸計画」（ＡＭＡ：アメリカ・マーケティング協会）と定義されるように、マーチャンダイジングは商品・場所・時期・数量・価格という五つの適正を具現化させるために設計するものです。

マーチャンダイジングは大きく**予算の策定**と、実際に仕入れたり発注したりする**商品の統制**の二つに分けられます。この双方が適切に動かなければ、大きな在庫を抱えたり、品切れからもたらされる機会損失を生み出したりと、効率的な経営ができなくなってしまうのです。

では、具体的にどのようにして競合店のマーチャンダイジングを分析すればよいのでしょうか？

手法としては、競合店の仕入から販売までの流れの観察や試買調査などを行います。具体的なチェック項目としては、商品ラインの数（品群・品種の多さ）、商品アイテム（商品ラインの中のアイテム数、品目・単品）、品揃えの特徴、鮮度などの品質管理、価格帯や在庫管理、仕入の仕組みなどが挙げられますが、これらにより競合の特徴を抽出します（図参照）。さらに、これらのチェック項目が競合店の店舗戦略と合致しているかどうかの確認をします。なお、比較の対象は常に、自店と平均的な業界レベルです。

②プロモーション

プロモーションについては、店外プロモーションと店内プロモーションがあります。

(i)店外プロモーション

来店してもらうためのプロモーションです。主なものとしては、新聞の折り込みチラシやテレビ・新聞・雑誌などのマスメディアを通じた広告があります。これらに関しては広告のタイミング・頻度・エリアの程度、情報の内容などが重要になります。またウェブサイトやファックスＤＭでクーポンを発行したり、イベントや特売情報を発信するという方法もあります。

店外プロモーションで大事なことは、実際に競合店に来店した顧客に質問することです。聞くべき事項としては、「来店理由」や「何を見て来店したか」などです。

●競合店のマーケティングミックス①●

分析の視点		チェックポイント
マーチャンダイジング（MD）		商品ライン数（品群・品種の多さ）は広いか狭いか
マーチャンダイジング（MD）		商品アイテム（商品ラインの中のアイテム数、品目・単品）は深いか浅いか
マーチャンダイジング（MD）		特徴的な品揃え（直接輸入、地場仕入、産地直送など）はないか
マーチャンダイジング（MD）		鮮度は保たれているか
マーチャンダイジング（MD）		商品構成上、核カテゴリーとなるものは何か
マーチャンダイジング（MD）		価格帯は自社と比べて高いか低いか
マーチャンダイジング（MD）		在庫管理（物流含む）に特徴は見られないか
マーチャンダイジング（MD）		仕入方法に特徴は見られるか
プロモーション	店外プロモーション	新聞の折り込みチラシのタイミング・頻度・エリア・情報の内容
プロモーション	店外プロモーション	テレビ・新聞・雑誌などのマスメディアを通じた広告のタイミング・頻度・エリア・情報の内容
プロモーション	店外プロモーション	Webサイトなどでのクーポン発行
プロモーション	店外プロモーション	イベントや特売情報の発信
プロモーション	店内プロモーション	店頭訴求に工夫が施されているか
プロモーション	店内プロモーション	じゅう器・備品・照明は工夫がされているか
プロモーション	店内プロモーション	POP広告は工夫が施されているか
プロモーション	店内プロモーション	店員の商品知識、接客技術のレベルは高いか
プロモーション	店内プロモーション	再度来店してもらう工夫として会員カードやポイントカードを発行したりして、優良顧客を維持するための顧客管理を実施しているか
プロモーション	店内プロモーション	レイアウトに工夫がされているか（回遊性を高める工夫）
プロモーション	店内プロモーション	陳列の工夫（ゴールデンライン、フェイス管理、クロスマーチャンダイジング）がされているか

1-6 競合分析③ 〜競合のマーケティングミックス〈その2〉〜

引き続き、競合店のマーケティングミックスを分析するための切り口であるプロモーションについて見ていきましょう。

(ii)店内プロモーション（インストアMDを含む）

来店した顧客が実際に商品を見て欲しくなり、実際に購入してもらうための仕掛けです。主なものとしては、ＰＯＰ広告や特売コーナーなどが挙げられます。

また、店舗レイアウトや陳列方法によっても顧客の商品との接触機会を増やすことが可能となったり、商品の訴求力を高めたりすることができるため、これら**インストアMD**も店内プロモーションに該当します。インストアＭＤについては店頭や備品、ＰＯＰ広告や店員の知識・スキル、レイアウト、陳列などの特徴を判定します（47ページの図参照）。店内プロモーションも観察調査や試買調査などで調査します。

調査が済んだら、店外・店内プロモーションの各チェック項目が店舗戦略に合致しているかどうかを確認します。これらの確認は、専門のコンサルタントや評価機関によるミステリーショッパー調査（Mystery Shoppers Research＝顧客になりきった中立的な立場でチェックをする覆面調査）などで継続的な定点観測を行うことにより、現場における具体的な分析が可能となります。

③店舗と設備

マーケティングミックス要素の三つ目は、競合店の店舗と設備です。店舗の売場面積や立地条件、駐車場などの付帯施設は、店舗の商圏の大きさや独身男性、ファミリー層など顧客のセグメントを特定する重要なポイントとなります。具体的には次の項目について把握します。

(i)売場面積

面積によって、品揃えの豊富さやワンストップショッピング（複数のジャンルにまたがる買い物などの目的を、消費者が一カ所で便利に済ますこと。あるいはそのような購買行動）の利便性に制約が出るため、店舗面積が広いことは即競争優位につながります。

(ii)駐車場の数

売場面積に見合った駐車場があるのとないのとでは、自動車で来店する顧客の集客度が大きく違ってくるため、非常に重要なポイントとなります。自店の駐車場と比較して優劣を判断するわけですが、絶対数だけでなく、売場面積あたりの駐車可能台数などで比較するのも有効です。

(iii)立地条件

接する道路の交通量や駅からの客の取り込み、教育・行政・交通機関などの集客効果、商店街の盛衰状況などから立地条件がよいか悪いかを判断します(立地環境の詳細については後述)。

(iv)店舗の構造上、不利な点はないか

天井が低くて圧迫感がある、建築してから一〇年以上改装を行っていないため古臭いイメージがあるというような点を観察します。

(v)付帯施設の充実状況

アミューズメント施設が充実している、カウンセリングを実施している、子供がいる家族のための託児所がある、環境に万全を期した生ごみ処理施設を有している、障害者に対応したエレベーターやスロープがある、試着室が多く顧客を待たせることがない、などについて観察します。

●競合店のマーケティングミックス②●

分析の視点	チェックポイント
店舗と設備	売場面積
	駐車場の数
	立地条件
	店舗の構造上、不利な点はないか
	付帯施設の充実状況

個々の項目についての把握ができたら、それらが店舗戦略に合致しているかどうかを確認します。

大事なのは、競合店のマーチャンダイジング、プロモーション、店舗と設備などの分析項目から、競合の強みと弱みを抽出することです。そのうえで、その結果を第3章で述べる自店の店舗戦略の策定に活用します。

たとえば競合の強みに関しては、自店が参考にすべき店を探ったうえで、その強みによって顧客を奪われることのないよう、ほかの強みで差別化を図って勝負することを考えます。一方、競合の弱みに関しては、自店はその弱みを克服することで差別化を図り、競合から顧客を奪う戦略を考えるわけです。

COLUMN

ミステリーショッパー調査

店外・店内プロモーションの各チェック項目が店舗戦略に合致しているかどうかを確認する際には、専門のコンサルタントや評価機関によるミステリーショッパー調査（顧客になりきった中立的な立場でチェックをする覆面調査）などにより継続的な定点観測を行います。それにより、現場における具体的な分析が可能となるのです。

専門のコンサルタントなどの外部に調査を依頼するのは、評価の基準のバラつきをなくして適正な評価を行うためです。また定点観測を行うのは、自店以上にライバルである他店が常に進歩をし続ける可能性を認識し、モニタリングをし続ける必要があるからです。

ミステリーショッパー調査は、ガソリンスタンドや移動体通信専売店、自動車ディーラー、ファストフード店、衣料品やスーパーなど、あらゆる小売店で実際に活用されています。ただ、効果的に実施されているところは非常に少ないといわれています。

なぜなら、肝心のミステリーショッパー（調査員）の質や調査項目の設定、質問項目の作成度合い、そして各チェック項目の重要度の正当性などからなるメッセージの有無によって調査自体の有効性に大きな差が出るからです。

COLUMN

サービス品質の評価支援機関

米国ミステリーショッパー・プロバイダー協会（MSPA）

- 165以上の専門ミステリーショッパー調査会社、マーケティングリサーチ会社、教育研修会社および自社のサービス向上を目指す流通会社を中心に構成されている代表的な専門業界団体
- 関連書籍の出版や専門覆面調査員の教育を中心に、各業界におけるサービスのレベルアップを支援している

日本ミステリーショッパー協会（JMSA）

- 日本の各業界におけるサービス品質の向上を目的に、学識研究者、各業界関係者、調査・コンサルティング専門家が集まり設立された、日本で最初の本格的なサービス格付け基準機関
- 調査・コンサルティング会社の業界団体ではなく、サービス品質の向上を目指し、各業界のレベル把握と底上げのための中立的な啓蒙活動を主な目的としている
- 米国ミステリーショッパー・プロバイダー協会では提供していない主活動としては、定期的に業界を網羅したサービスレベルの格付け調査の実施や結果の公表などが挙げられる。
- 調査結果、基準決定の中立性と高いレベルで必要とされる機密性を厳しく管理している

これらを吟味しないで行ったり、よく理解していない外部のコンサルタントに調査を依頼したりしても、単なる事実の発見や「分析のための分析」で終わってしまうケースが多いといえます。

なお、この分野でも早くから進んでいるアメリカでは、ミステリーショッパー・プロバイダー協会をはじめとして業界団体がいくつか存在しており、調査会社自体のレベルアップと質問項目の精緻化や基準の標準化が進んでいます。日本においても、二〇〇三年より日本ミステリーショッパー協会の設立・活動が本格化してくるなど、客観的なサービス品質の評価とレベル維持・向上が注目されています。

1-7 競合分析④ ～競合の反応の予測～

競合の調査は、競合店の現状把握だけでは不十分といえます。なぜなら、競合も自店以上に戦略を練って前進し続けるからです。したがって、**競合店の反応**（自店を攻撃するような行動に出る可能性がないかどうか）をウォッチする必要があります。それにより競合の攻撃を予測し、事前に対策を練ることができます。

その際の視点としては、①新規参入店、②既存店という二つの切り口があります。

①新規参入店の自店への攻撃を予測

新規出店計画や退店計画がないかについて、常にアンテナを張っておきます。新規出店の場合は開店前に集中して対策が行えるように、開店予定日を把握することが大切です。

②既存店の自店への攻撃を予測

日々同じ商圏で戦っている既存の競合店による攻撃についても予測し、準備をしておく必要があります。確認すべきポイントは、駐車場などの付帯施設の拡大や値下げ、キャン

● 競合店の攻撃シグナルの予測事項 ●

分析の視点	チェックポイント
新規参入店	新規出店計画（開店予定日を把握）
	退店計画
既存店	増床計画や駐車場の増設計画、テナント入れ替え
	自店の魅力を奪う戦略の実施（自店の重点商品に対して同等な商品を大量陳列、大幅な値下げなど）
	自店の強いカテゴリーの売場を拡大、品揃えの強化
	自店の催事や販促の先取り
	自店の弱いカテゴリーの強化
	自店との差別化の実施（顧客満足、きめ細かいサービス、季節商材の早め展開、営業時間の延長など）

ペーンの開催や接客スキルの徹底など、自店にとって脅威となる項目です（図参照）。

このような貴重な情報を入手するためには、過去のチラシの比較や定期的な競合店調査、全国紙・地方紙・雑誌、取引業者や建築業者などから常に情報を収集しておかなければなりません。

情報収集の際には、競合店の分析の総括として、自店にとってインパクトが大きいものからピックアップするようにします。そのうえで各競合に関して、自店が対抗して勝てるのか勝てないのかを予測します。それによって自社のポジションをどのように位置づけていくのかを、後述する顧客分析と併せて考えていかなければなりません。

競合店の調査方法

競合店の概要が把握できたら、次に競合店の店舗戦略を把握することになりますが、ここでは前述のとおり、競合店のターゲットとする顧客層、その顧客層のニーズ、そのニーズにどのような差別的特徴で展開しているのかを把握します。そして、その店舗戦略に基づく競合店のマーケティングミックス（マーチャンダイジング、プロモーション、店舗と設備）に関して詳細を分析します。

競合店調査の具体的方法で代表的なものが「観察調査」です。

まず、競合店の出入口付近で店舗から出てくる顧客を観察します。

観察事項は、来店者数や顧客の年齢・性別・職業といった属性や購入商品、来店範囲です。来店範囲に関しては、顧客に直接話しかけないとわからないと考えるかもしれませんが、たとえば駐車場に停車している自動車のナンバープレートなどから来店地域を推定する方法などがあります。

次に実際に店舗の中に入って、マーケティングミックスを観察します。自店にない品揃えやブランドはないかについて、さらに価格水準や店舗レイアウト、陳列の状況、ＰＯＰや特売

競合分析のポイント

競合分析＝店舗強度を把握する

↓

競合シェアを計る（⇒自店シェアと比較：第2章）

（1）売場面積…売場面積÷商圏全体の売場面積

（2）売上高……売上高÷商圏の大きさ（マーケットボリューム）

⇓

（参考）商圏の大きさの算出プロセス

1.（a）世帯人口（国勢調査など）

2.（b）地域内の取り扱い商品の消費額（家計調査など）

3.商圏の大きさ＝（a）世帯人口×（b）消費額

⇓

ほかの商圏特性の把握項目と併せて活用

①商圏の範囲

②商圏の大きさ

③商圏内の消費者属性

④商圏の立地条件

などのプロモーションの状況などを詳細に把握します。

また、顧客を装って店員に話しかけ、店員の接客態度や商品知識の水準を評価したり、競合店の新聞折り込みチラシをすべてチェックして、その頻度や配布地域、内容を調べ、競合店が顧客に何を訴えようとしているのかを推定したりするのもよいでしょう。さらに競合店がホームページを持っている場合は、その内容も調べて、更新の頻度や最新のメッセージなどを定期的にチェックすることも大切です。

1-8 顧客分析①
～商圏特性の把握〈その1〉～

二つ目の外部環境分析（ミクロ）では顧客分析を扱います。

顧客分析を行うための最初のステップとしては立地環境の分析、すなわち商圏に関する把握をします。

商圏について分析する目的は、単に新規出店などを検討する際の材料として使うためだけではありません。自店に集客できる範囲を設定し、その中における消費者・競合店などに関する情報を把握することによって、売上高や来店客数の予測、品揃えの検討から販売促進の決定などを含む**販売政策の立案と検証**をするためです。さらに、商圏自体が常に変化していく環境においては、継続的な定点観測が必要となる重要な分析といえます。

商圏特性の把握には、次の四点について見る必要があります。

①商圏の範囲
②商圏の大きさ（マーケットボリューム）

③商圏内の消費者属性
④商圏の立地特性

順に説明していきましょう。

①商圏の範囲（自店の勢力が及ぶ範囲はどこか）

商圏とは、地理的に見た場合の自店の勢力（影響力）が及ぶ範囲、すなわち「自店が顧客を吸引できる範囲」のことをいいます。

よって商圏の把握とは、「顧客がどのエリアから来店しているかを知ること」だといえます。一般的には、自店の近隣に来店する顧客が最も多く存在し、自店から遠ざかるにつれて来店する顧客は減少していきます。

商圏を分析する際には、まず商圏がどこまで及んでいるかを測定しなければなりません。小売店舗の場合、自店を中心に円を描くことができます。現実的には道路や交通機関、川、橋などの配置状況によって規定されることになりますが、一般的には自店の総顧客の五％～一〇％を占める範囲までを自店の勢力が及ぶ範囲、つまり広義の商圏と考えます。

また商圏は一次商圏、二次商圏、三次商圏に分けられます。一次と二次に分ける（定義によって異なる分類がされる）など、業界や扱う商品によって異なるため統一の基準はありませんが、一般的に自店の総顧客の五〇％以上を占める範囲を一次商圏、三〇％を占める範囲を二次商圏、そして五～一〇％を占める範囲を三次商圏といいます。

これらの商圏を自店からの距離で区分する方法もありますが、商品特性や業態により変動があります。たとえば、コンビニエンスストアでは一次商圏を自店より三〇〇～五〇〇mに設定することが多いのですが、百貨店の場合はもっと広くなるでしょう。

具体的に商圏範囲を調べる代表的な方法は、来店客調査などによって直接顧客から聞くというものです。直接来店者の居住地域を聞けば、確実な判断材料を得ることができるわけです。

②商圏の大きさ（マーケットボリューム）

自店の商圏範囲を把握したら、次はその商圏の潜在購買力を把握する必要があります。つまり商圏のマーケットボリュームを知るわけです。

マーケットボリュームは、**一世帯あたりの家計消費額（自店取扱品目のみ）×自店商圏の世帯数**という式で算出することができます。

まず、自店が取り扱う品目についての一世帯あたりの家計消費額については、総務省統計局が発表している『家計調査年報』が参考になります。一世帯あたりの年間支出金額、

商圏について分析すべき事項

チェックポイント
商圏の範囲（自店の勢力が及ぶ範囲はどこか）
商圏の大きさ（マーケットボリューム）
商圏内の消費者属性
商圏の立地特性（自然的・地理的条件、社会的条件、経済的条件）

購入数量および平均価格が品目別に出されているので、その中の自店が取り扱う品目について見ればよいわけです。

一方、自店の商圏内世帯数を知るためのツールには、総務省の国勢調査（五年ごとに実施）、住民基本台帳人口移動報告などがあります。これらのデータはホームページで公開されているので、気軽に利用することができます。また、朝日新聞社から出版されている『民力』や東洋経済新報社の『地域経済総覧』などには地域別の各種データがまとめられているため便利です。これらを利用するのもよいでしょう。

1-9 顧客分析②
〜商圏特性の把握〈その2〉〜

引き続き、顧客分析に必要な商圏の把握について見ていきます。

③商圏内の消費者属性

マーケットボリュームを把握したら、次はどのような属性の人が商圏内にいるのかを見ます。

総務省国勢調査では市町村別に人口統計データを出しており、性別、年齢別、出生の月、配偶関係（未婚、有配偶者、死別、離別）などが掲載されています。この中で、少なくとも性別と年齢別については把握しておきましょう。

また、世帯の構成についても把握しておいたほうがよいでしょう。これも国勢調査に世帯の家族類型（二二区分）別の数字が掲載されています。家族類型別の分析は、商品のニーズと併せて、市場を細分化するうえで重要な意味を持ちます。単にファミリー層といっても、男女の子供がいる家族と、男児もしくは女児のみの家族、祖父母と同居の家族など、その属性によって商品に対する潜在的なニーズは大きく異なるからです。

国勢調査では家族類型ごとに細かく統計が出されています。たとえば核家族世帯一つをとっても、夫婦のみの世帯、夫婦と子供からなる世帯、男親と子供からなる世帯などに分類されたデータがあります。総世帯、世帯人員別（一人世帯、三人世帯など）、六歳未満親族のいる世帯、一八歳未満親族のいる世帯、六五歳以上親族のいる世帯などについて把握しておくとよいでしょう。

④商圏の立地特性

商圏を分析するには、前述の「地理的な範囲」「人口統計的な観点から見られる市場の大きさ」、そしてその中の「消費者属性別の商圏特性」を把握するのに加え、立地そのものの特性を把握することも重要です。

この立地特性の把握には、(i)自然的・地理的条件、(ii)社会的条件、(iii)経済的条件という三つの視点が必要になります。たとえば、自店はこの都市のどの地点に位置しているか、また人の流れ、つまり生活動線や買い物動線から考えた場合、自店はどのような地点にあるか（利用しやすい場所にあるかどうか）ということについて、ときには競合と比較してみることも重要です。その際には、主な交通の要所や行政機関、ランドマーク（観光名所など）も重要なポイントになり得ます。

三つの観点における詳細な分析切り口については次のとおりです。

(i)自然的・地理的条件

・気候

・道路、鉄道などによる商圏の切断状況

・土地利用の程度

・競争都市間の距離

(ii)社会的条件

・都市施設（市役所、図書館、市民会館、病院、教育機関など）の分布

・地域文化（伝統や行事など）の特色

・観光資源の整備状況

(iii)経済的条件

・駅、バスターミナルなど交通機関の状況

・高速道路の存在など道路体系

・都市計画や再開発事業の状況

商圏の立地特性における把握事項

条件	チェックポイント
自然的・地理的条件	気候
	道路、鉄道などによる商圏の切断状況
	土地利用の程度
	競合都市間の距離
社会的条件	都市施設(市役所、図書館、市民会館、病院、教育機関など)の分布
	地域文化(伝統、行事など)の特色
	観光資源の整備状況
経済的条件	交通機関の状況(駅、バスターミナルなど)
	道路体系(高速道路の存在など)
	都市計画・再開発事業の状況

以上の観点からの分析に加え、諸条件の変化を察知することも重要です。とくに人の流れを変える開発計画は、商圏の大きな変化となるため注意が必要なのです。開発は民間企業による開発と公共事業による開発に分けられますが、民間による開発は、市町村の建築指導課などで建築計画概要書を閲覧すれば確認できます。一方、公共事業による開発は、市町村の都市計画課や市政情報センターなどで総合計画などを閲覧することによって確認できます。

さらに商圏は常に変化しているため、実際に現地を歩くことも大切です。常に変化していることを認識し、実際の情報に基づいて商圏情報を更新する必要があります。

1-10 顧客分析③ ～分析のプロセス〈その1〉～

商圏に関する基礎について把握し終えたら、次は実際に顧客分析を行うプロセスへと入っていきます。

前にも述べましたが、店舗戦略とは、突き詰めていえば顧客が誰であるか（WHO）を判別し、その顧客のニーズとウォンツ（WHAT）を理解し、そのニーズとウォンツをどのように満たしていくか（HOW）を考えていくことです。

では、どのような視点で顧客を見ればよいのでしょうか？　それには**既存顧客**と**潜在顧客**という二つの視点が必要です。既存客とは、現在来店して購買してくれている顧客を指します。一方、潜在顧客とは自店の勢力が及ぶ商圏の中で、まだ取り込めていない非来店顧客のことです。

要するに、まずは現在来店してくれている顧客についてもっと詳しく知り、いま以上に来店してもらって、商品・サービスを購入してもらうにはどうすればよいかを考えるわけです。そして、自店の勢力が及ぶ商圏内の消費者でありながら来店していない潜在顧客についでは、もっとよく知り、その中で来店してもらえるグループをいかに選別してアプローチしていくかを考えていきます。よって、顧客分析は次のプロセスで行います。

①商圏内消費者のうち、自店が取り込めている層と取り込めていない層の把握
②顧客属性の把握
③顧客ニーズの把握

では、それぞれについて詳しく見ていきましょう。

①商圏内消費者のうち、自店が取り込めている層と取り込めていない層の把握

商圏特性の項では、商圏内の消費者属性の把握方法について述べました。そして、どのような属性の人が商圏にいるのかを把握するためには、性別、年齢別、配偶関係（未婚、有配偶者、死別、離別）、世帯の構成などの人口統計データを把握する必要があると述べました。

一方、顧客分析のプロセスでは、まず商圏内の消費者を自社が取り込めているかどうかを把握する必要があります。商圏内の消費者の中で自店が取り込めている顧客層の年齢構成・性別・配偶関係・世帯構成と、逆に自店がまだ取り込めていない顧客層の年齢構成・

性別・配偶関係・世帯構成を来店客調査などによって把握するのです。なぜなら、店舗の売上を上げるには、自店が取り込めていない新規の顧客を獲得する、既存の顧客の買上金額を上げる、という二つの方法があるからです。

(i)自店が取り込めていない顧客

まず自店が取り込めていない顧客に関しては、なぜ来店してもらえないのか、その理由を考えることが出発点となります。

さまざまな理由が考えられますが、その顧客は自店ではなく、競合店に必ず行っているはずです。つまり、競合分析を通して、そのような顧客が自店に来ない理由および他店を利用する理由をつきとめ、取り込めていない顧客層にどのようなニーズがあるのかを探っていく必要があるのです。

ここでもやはり、顧客となっている消費者に対する直接のヒアリングが中心となります。具体的には、競合店の出入口付近で店舗から出てくる顧客を観察し、年齢や性別、職業などの顧客属性や来店者数、買上商品などを把握する出口調査や、より詳細なニーズを把握するために集団面接（グループインタビュー）などを行うといった方法が考えられます。これらのヒアリングよって、競合店の長所や競合店を利用する理由などがチ

顧客分析のプロセス

プロセス	チェックポイント
①商圏内消費者のうち、自店が取り込めている層と取り込めていない層の把握	自店が取り込めていない顧客層
	自店が取り込めている顧客層
②顧客属性の把握	商圏内の人口統計的データ
	地域特性
③顧客ニーズの把握	

ェックできます。当然のことながら、競合店の顧客のニーズを確認することにより、自店に足りていないものを客観的かつ具体的に把握することを忘れてはなりません。

(ii)自店が取り込めている顧客

次に、すでに自店が取り込めている顧客層について考えます。この層については、さらに満足度を高めて、競合店に奪われないようにしなければなりません。そのためには顧客のニーズを的確に把握し、購買の際のカギとなる要因を探りあてる必要があります。

次項では、その顧客属性とその顧客ニーズの把握をどのようにしていけばよいかについて詳しく見ていきます。

1-11 顧客分析④ 〜分析のプロセス〈その2〉〜

引き続き、顧客分析のプロセスについて説明していきます。

②顧客属性の把握

顧客属性を把握するのは、「同様の属性の顧客は同じようなニーズを持っているはず」との考えによります。顧客を属性によってグループ化し、そのニーズを探る足がかりとするわけです。

また、くり返しになりますが、顧客には現在自店に来店して購買してくれている既存顧客と、自店の商圏内にいながら来店していない潜在顧客という二つの視点があることを忘れてはなりません。

顧客属性の把握には、次の二つが有用です。

(i)商圏内の人口統計的データの理解

(ii)地域特性の理解

それぞれについて、詳しく見ていきましょう。

(i)商圏内の人口統計的データの理解

前項の「商圏内消費者のうち、取り込めている層と取り込めていない層の把握」の部分で、性別、配偶者の有無、年齢構成、世帯構成についてはすでに把握済みであるため、ここではもう少し詳細に見ていきます。

人口統計的データの把握におけるチェックポイントには、性別や年齢などの生来固有なものと、住所や職業、ライフステージなどの生活環境、そして来店方法などの行動様式があります。

この中で「顧客を知る」という観点からとくに重要になるのが、**顧客のライフステージ**です。

顧客一人ひとりに、誕生から学生生活を経て仕事に就き、婚約・結婚、妊娠・出産、子供の小学校入学、住宅購入、子供の中学・高校・大学入学、住宅のリフォーム、両親介護、夫または妻の介護、葬式……というような人生のサイクルがあります。この顧客のライフステージを理解することによって、その各段階（ステージ）において自店が役に立てることを考えることが可能になるのです。

(ii)地域特性の理解

顧客を知るうえで、地域特性を知ることはとても有用です。分析の際の具体的な切り口としては、気候や食文化、住まい、衣料品、行事など、地域にまつわるさまざまなものが挙げられます。これらについて詳細なデータを集める努力をしなければ、きめ細かな顧客対応を実現することはできません。

とくに注目したいのは、社会行事・地域行事です。これについては、たとえば町内の回覧板や学校で配られるプリントなどがチェックできれば、顧客の欲するものがより鮮明になって、競合店には真似のできない顧客対応が可能となるわけです。

③顧客ニーズの把握

前述のPEST分析におけるS（社会的要因）分析により、現代の一般的な消費者意識・行動の潮流については把握済みです。そこで、次は顧客のライフスタイルや顧客満足度のレベルをはじめとする、商圏内消費者の具体的なニーズをつかむ必要があります。

具体的なチェックポイントとしては、顧客の嗜好や自店に対する苦情・要望、競合店と比べた場合の顧客満足のレベルなどが挙げられます。

これらの項目を調査するには、用紙を用いたアンケートに加え、個別調査やグループイン

顧客属性とニーズの把握

分析の視点		チェックポイント
顧客属性	商圏内の人口統計的データ	生来固有のもの（性別、年齢など）
		生活環境（住所、職業、所得、所要時間、未婚・既婚、ライフステージなど）
		行動様式（地域特性、来店方法、来店頻度、来店1回あたりの購入額など）
	地域特性	気候（降雨量、積雪量、梅雨入りの時期、気温など）
		食文化（多食する食材、独自の食材、塩加減など）
		住まい（畳、カーテンのサイズなど）
		衣料品（地域的によく売れる衣料など）
		行事（社会行事、地域行事、習慣など）
		その他（産業、特産物など）
顧客ニーズ		嗜好
		自店に対する苦情・要望
		店舗選択の際に重視する点（自店来店の最大要因）
		店員の対応に対する感情
		ライフスタイル（快楽主義者、深夜族など）
		競合店と比べた場合の顧客満足のレベル
		購入する際の最大要因（＝Key Buying Factor）

タビュー調査などにより、定量調査では把握しきれない心理的な部分を深く掘り下げる作業を行う必要があります。

顧客属性と顧客ニーズを把握することにより顧客環境についての理解が深まれば、自店がターゲットとする顧客層が明確になってきます。そのうえで、自店が「〝メインとするターゲット〟と〝サブとするターゲット〟（WHO）」を定め、その「ターゲットのニーズ（WHAT）」を「どのように満たすか（HOW）」を考えるのが、第3章で述べる自店戦略の策定です。

第２章

内部環境分析

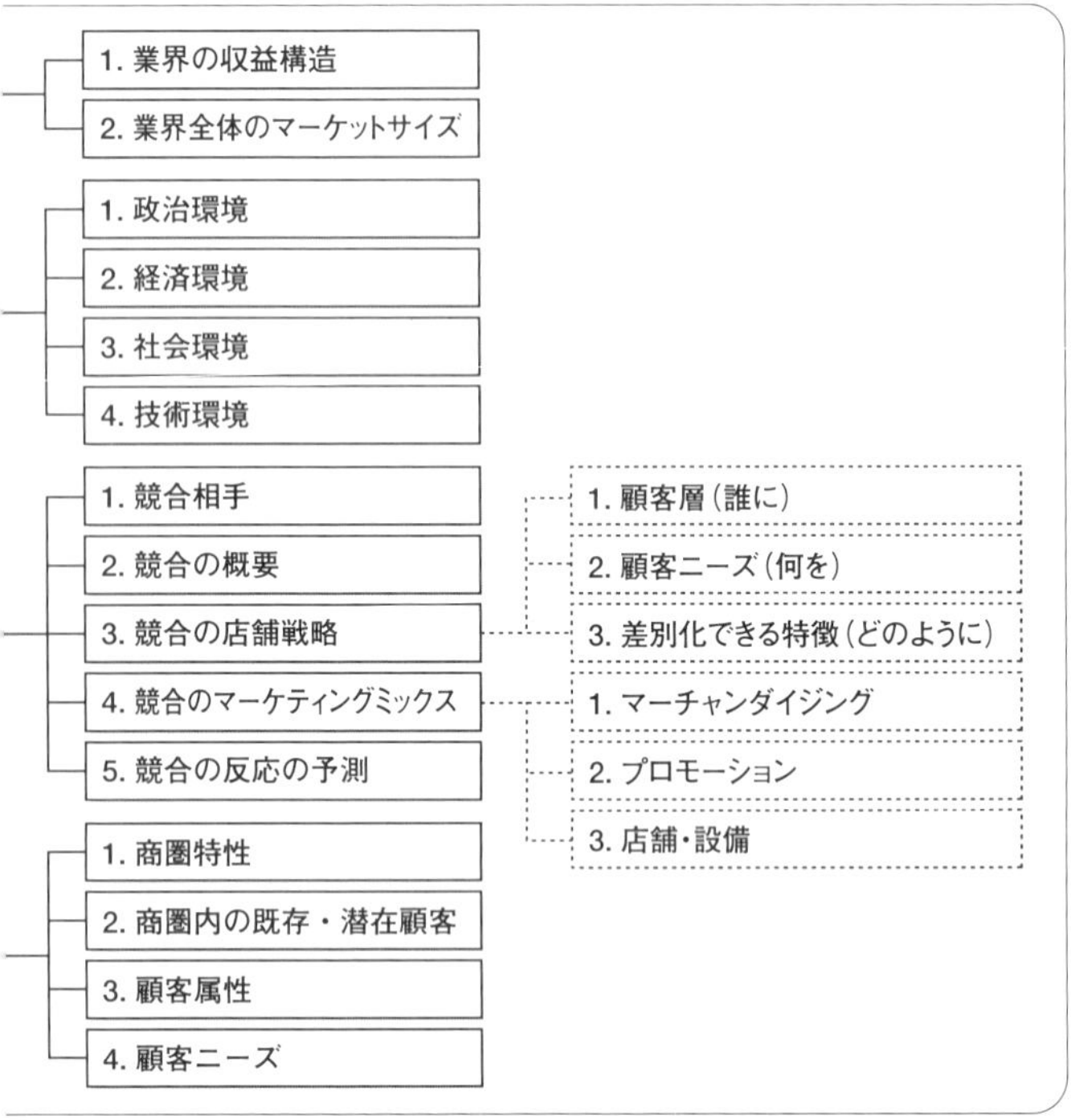
1. 業界の収益構造
2. 業界全体のマーケットサイズ
1. 政治環境
2. 経済環境
3. 社会環境
4. 技術環境
1. 競合相手
2. 競合の概要
3. 競合の店舗戦略
4. 競合のマーケティングミックス
5. 競合の反応の予測
1. 顧客層（誰に）
2. 顧客ニーズ（何を）
3. 差別化できる特徴（どのように）
1. マーチャンダイジング
2. プロモーション
3. 店舗・設備
1. 商圏特性
2. 商圏内の既存・潜在顧客
3. 顧客属性
4. 顧客ニーズ

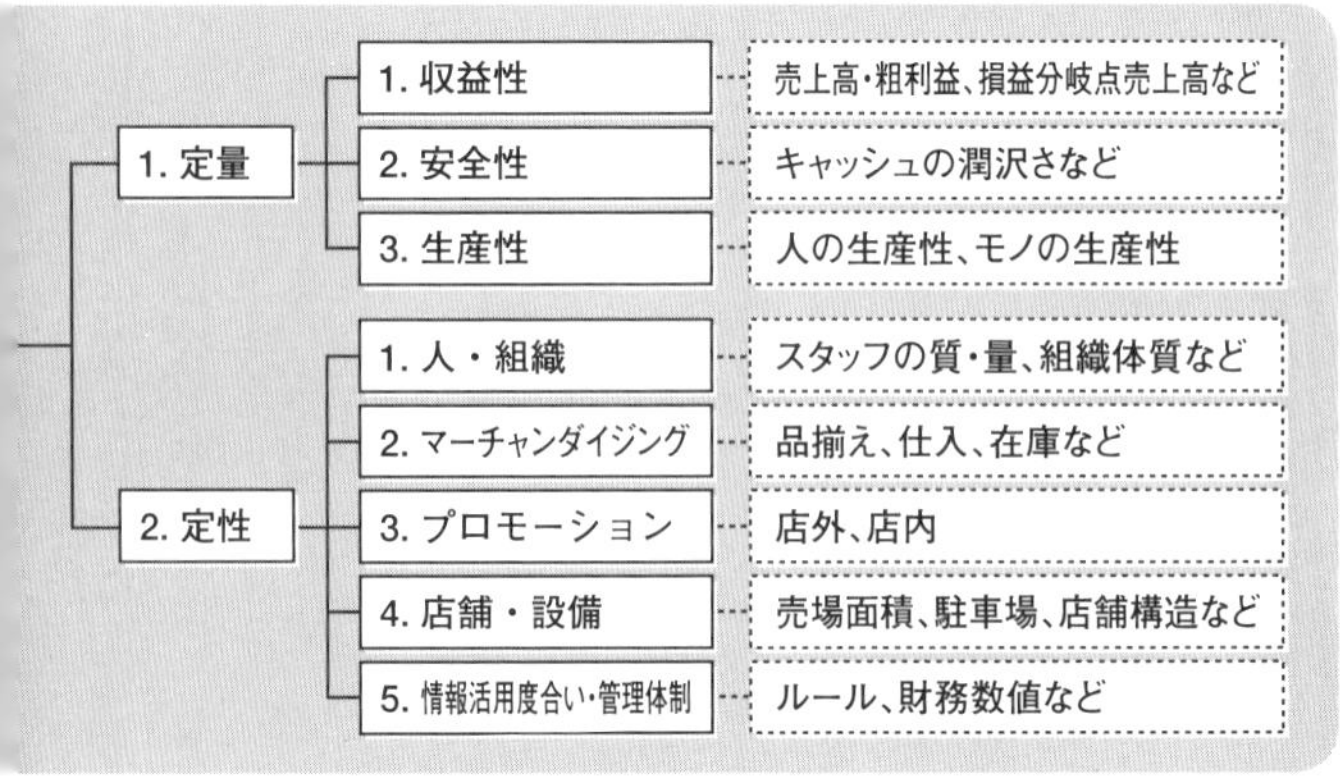
1. 定量
1. 収益性
売上高・粗利益、損益分岐点売上高など
2. 安全性
キャッシュの潤沢さなど
3. 生産性
人の生産性、モノの生産性
2. 定性
1. 人・組織
スタッフの質・量、組織体質など
2. マーチャンダイジング
品揃え、仕入、在庫など
3. プロモーション
店外、店内
4. 店舗・設備
売場面積、駐車場、店舗構造など
5. 情報活用度合い・管理体制
ルール、財務数値など

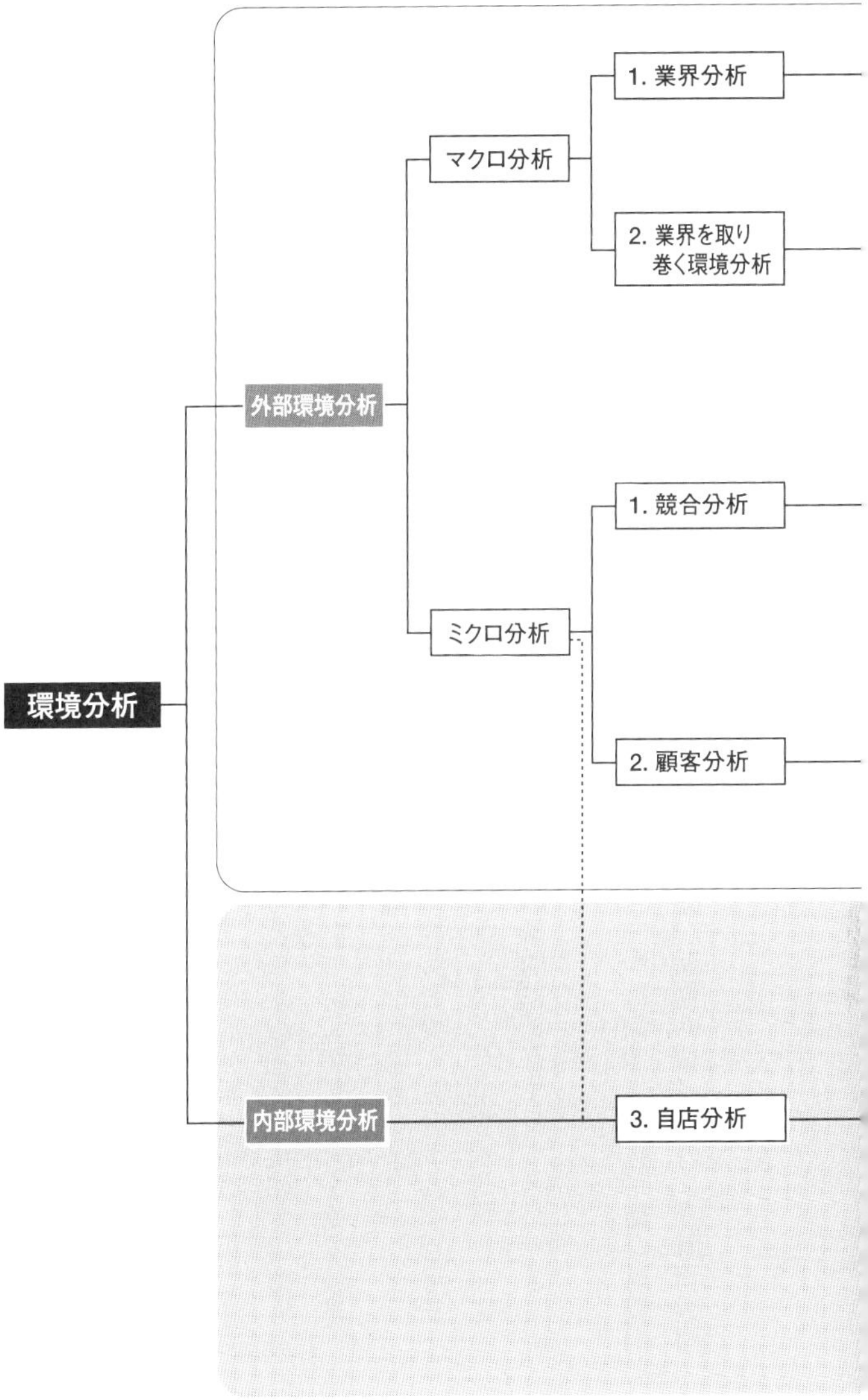
環境分析
外部環境分析
マクロ分析
1. 業界分析
2. 業界を取り巻く環境分析
ミクロ分析
1. 競合分析
2. 顧客分析
内部環境分析
3. 自店分析

2-1 内部環境（自店）分析の必要性

店舗戦略を考えるうえで必要な前提条件として、第1章では競合分析と顧客分析を含む外部環境の分析・把握について見てきましたが、当然のことながら内部環境についても詳しく分析する必要があります。それは、当事者である自店についての詳細な分析を意味します。

自店分析は、自店の強みと弱みを把握し、自店の能力や経営資源に見合った実行可能な店舗戦略を立案するために重要な、前提条件を確認する役割を果たします。競争と顧客に加えて自店について分析することによって、経営環境を網羅的に把握することができるのです。

自店分析には、大きく分けて二つの切り口があります。一つは数値で分析可能な**財務的観点からの定量的な分析**、もう一つは数値での分析が困難な**財務的観点以外（非財務的観点）からの定性的な分析**です。

自店分析において確認すべき事項

分析の視点	チェックポイント
財務的観点からの定量的な分析	収益性
	安全性
	生産性
財務的観点以外（非財務的観点）からの定性的な分析	人材（リーダーや従業員の量的・質的充足度）・組織
	MD（品揃え、仕入、在庫、地場仕入の対応）
	プロモーション（店外、店内、顧客サービス）
	店舗・設備（売場面積、駐車場、立地条件、店舗構造、付帯施設）
	情報（顧客・商品・財務情報）活用度合い・管理体制

財務的観点からの定量的な分析の具体的な切り口としては、収益性、安全性、生産性が挙げられます。これらは数値による評価がなされますが、その数値が出ている原因は次に述べる財務的観点以外からの定性的な原因に起因しています。

一方、財務的観点以外（非財務的観点）からの定性的な分析の切り口は、人材・組織、マーチャンダイジング（ＭＤ）、プロモーション、店舗・設備、情報活用度合い・管理体制です。これらに関して自店の能力と経営資源の充足度合いを把握するのです。

詳しくは後述しますが、これらについて自店に関する定量的・定性的把握を行い、その中から自店の強みと弱みを抽出します。

2-2 財務的観点からの定量的分析①〜収益性分析〈その1〉〜

前述のように、財務的観点からの定量的な分析の具体的切り口としては、収益性、安全性、生産性があります。それぞれについて詳しく見ていきますが、分析する項目を機械的に見ていくのではなく、分析の目的を常に意識しながら、それぞれの項目を把握することが重要です。

つまり、「自店の強みと弱みを把握し、自店の能力や経営資源に見合った実行可能な店舗戦略を立案するために非常に重要な自店の前提条件を確認する」という目的を常に意識できるように、分析の視点について見ていっていただきたいということです。

【収益性分析】

収益性分析では、次の二つについて把握します

①自店の儲け度合い
②損益分岐点売上高

では、それぞれについて詳しく見ていきましょう。

①自店の儲け度合い

まず、自店の儲け度合いはどうなっているのかを見ます。基準となる数値と実際の結果を比べることによって客観的に良し悪しがわかります。

基準となる数値は、自店の前年度・前々年度の実績、業界標準値（健全企業）などです。これらの項目について、自店が良好な状態であるのかそれとも悪い状態であるのかを判断するのです。

また、比較による分析には**絶対値による分析**と**比率による分析**があります。規模が異なる店舗同士を比較する場合には比率による分析が向いています。しかし結論からいえば、それぞれ状況により使い分ける必要があるものの、基本的に両方の分析を行い、それぞれの分析結果を満たしたものを前提条件として活用することが大切です。

たとえば、いくら絶対値で目標売上高や目標利益額を達成していても、投資対効果を表す利益率が低ければ、必ずしも良いという評価を下すべきではありません。逆に、いくらある商品の利益率が目標値を達成していたとしても、利益額が少なくて事業全体の収益に貢献しない程度であれば、絶対値による分析も必要となります。だからこそ、絶対値分析と比率分析の両方を組み合わせて分析を行う必要性があるわけです。さらに、情報が入手できるのであれば、競合店との比較を行うと自店の強みと弱みが明確に把握できます。

なお、分析を行う数値の基準の最も基本的なものとしては次の四つがあります。

(i)売上高
(ii)粗利益・粗利益率
(iii)営業利益・営業利益率
(iv)販管費（販売費および一般管理費）および販管費率

まずは、この四つの基本指標を確実に押さえましょう。

(i)売上高

事業上の取引の規模で、自店における前年度・前々年度との比較を行います。前年比が一〇〇％を超えていれば、成長しているといえるでしょう。

(ii)粗利益・粗利益率

粗利益とは売上高から商品の仕入原価を差し引いた利益で、これがすべての利益の源泉となります。つまり、粗利益で人件費や販売費などをまかなわなければならないわけです。粗利益についても、自店における前年度・前々年度との比較を行います。

● 収益性分析において把握すべき事項 ●

①売上高、粗利益・粗利益率、営業利益・営業利益率、販管費・販管費率

②損益分岐点売上高

粗利益率はその取引の儲かる度合いを表しています。粗利益率が低ければ、いくら量を稼いでも薄利多売となって儲からないことになります。たとえば25ページの図で見たように、主要な業界の粗利益の中から自店が属する業界の標準値を把握し、自店の数値と比較してみてください。

また粗利益率については、自店における前年度・前々年度との比較に加え、「粗利益率＝（売上高－売上原価）÷売上高」という算式を用いて業界標準値（平均値）との比較を行います。それにより、自店がどのような環境に置かれているのかということをつきとめることができるのです。

2-3 財務的観点からの定量的分析②
～収益性分析〈その2〉～

引き続き、収益性分析において把握すべき事項である「売上高、粗利益・粗利益率、営業利益・営業利益率、販管費・販管費率」について見ていきましょう。

(iii) 営業利益・営業利益率

営業利益は、「粗利益－販売費および一般管理費」という算式で求められます。販売費および一般管理費とは、文字どおり販売員給料のような販売活動から生じる経費である**販売費**と、店舗の家賃や給料のような管理活動から生じる経費である**一般管理費**で構成されています。したがって営業利益は営業活動の結果得られた利益、つまり本業の儲けを表しているといえます。これも自店の前年度、前々年度との比較を行います。

営業利益率についても前年度・前々年度との比較や、主要な業界の営業利益率の標準値などを参照します。たとえば、自店の属する業界の標準値と自店の営業利益率を比較した結果、粗利益や粗利益率が良好にもかかわらず営業利益や営業利益率が悪化してい

販管費の主要項目

○人件費…給料・賞与、社会保険料（法定福利費）、福利厚生費
○販促費…販売促進のためのプロモーション費用、チラシ費、包装費 etc.
○販促管理費…販売備品費、包装費、クレジット手数料などの販売雑費
○設備費…備品消耗品費、店舗・じゅう器の減価償却費、地代家賃、リース料 etc.
○一般費…旅費交通費、通信費、公租公課 etc.

る場合は、次の販売費および一般管理費に問題があるといえるでしょう。

(iv)販管費（販売費および一般管理費）および販管費率

販売費および一般管理費には多くの項目がありますが、店舗経営において主要なものは人件費、販促費、販促管理費、支払家賃、減価償却費、水道光熱費、リース料などです。それぞれについて前年度・前々年度との時系列比較や業界標準値との比較を行うことにより、どの箇所に原因があるかを探ることができます。さらに家電量販店や百貨店などは多くの商品を取り扱うため、売上高や粗利益なども商品ラインごとに見ることによって売場ごとの効率の良し悪しを把握することができます。

2-4 財務的観点からの定量的分析③ ～収益性分析〈その3〉～

財務的観点からの定量分析における収益性分析の続きを見ていきましょう。

②損益分岐点売上高

収益性分析に関してより網羅的な分析を行うため損益分岐点売上高を算出します。損益分岐点とは店舗の損益がゼロとなるところ、つまり赤字から黒字に変わる峠のことをいいます。簡単な例としてコンビニエンスストアの経営で考えてみましょう。

コンビニエンスストアの経営において、仕入原価率五五％、フランチャイズ本部へのロイヤルティーが売上の五％、アルバイトの人件費月額四〇万円、店舗の家賃月額三五万円、その他の固定費用月額二五万円である場合、この店が採算ベースに乗る売上高（損益分岐点売上高）はいくらになるでしょうか？

・月額売上高二〇〇万円の場合→二〇万円の赤字
・月額売上高二五〇万円の場合→損益ゼロ（損益分岐点売上高）

・月額売上高三〇〇万円の場合→二〇万円の黒字

このケースにおける損益分岐点は二五〇万円です。では、この損益分岐点売上高を自店の前年度・前々年と比較して、損益の採算点がどうなっているかを分析します。

損益分岐点分析では費用を**変動費**と**固定費**に分析します。変動費とは売上に比例して発生する費用のことをいい、コンビニエンスストアの例では仕入原価率（五五％）とフランチャイズ本部へのロイヤルティー（売上の五％）が該当します。売上に対する変動費の割合は六〇％です。売上から変動費を差し引いた利益のことを**限界利益**といい、例における限界利益率は四〇％（一〇〇％－六〇％）となります。一方、固定費とは売上に関係なく発生する費用のことをいい、例ではアルバイトの人件費月額四〇万円、店舗の家賃月額三五万円、その他の固定費用月額二五万円が該当します。

損益分岐点を解釈するには、売上から変動費を差し引いた限界利益が商品を販売するごとに累積し、固定費の金額に達したとき、店舗はすべての費用を回収したと考えます。コンビニエンスストアの例で考えると、商品一〇〇円で販売すると限界利益が四〇円になるため、この四〇円を蓄積し、月額の固定費一〇〇万円に達したとき、損益分岐点に達するというわけです。よって損益分岐点売上高を算式で表すと次のようになります。

損益分岐点売上高＝固定費÷限界利益率＝固定費÷（一－変動費率）

例では、損益分岐点売上高＝固定費一〇〇万円÷（一－変動費率六〇％）＝二五〇万円、となります。

また、この損益分岐点分析を使って目標売上高を達成するために必要な売上高を算出することができます。算式は次のようになります。

目標利益達成のための必要売上高＝（固定費＋目標利益）÷（一－変動費率）

例で一カ月の目標利益が五〇万円のとき、必要売上高は「（固定費一〇〇万円＋目標利益五〇万円）÷（一－変動費率六〇％）＝三七五万円」となります。

このように損益分岐点分析は、利益計画に応用できるのです。

さらに損益分岐点分析は店舗の不況抵抗度を分析することができます。これは実際の売上高と損益分岐点売上高とがどのくらいかけ離れているのかによって店舗の安全度を見るものであり、現在の売上高がどのくらい下がれば赤字になるのかが判断できるわけです。

計算式は「経営安全額＝実際の売上高－損益分岐点売上高」となります。

例で一カ月の実際の売上高が二八〇万円の場合、経営安全額は三〇万円（二八〇万円－二五〇万円）となります。

損益分岐点分析

$$\text{損益分岐点売上高} = \frac{\text{固定費}}{(1-\text{変動費率})}$$

$$\text{目標利益達成のための必要売上高} = \frac{\text{固定費}+\text{目標利益}}{(1-\text{変動費率})}$$

経営安全額 ＝ 実際の売上高 － 損益分岐点売上高

$$\text{経営安全率} = \frac{\text{経営安全額}}{\text{実際の売上高}}$$

また経営安全額をパーセントで表したものを**経営安全率**といい、「経営安全額÷売上高」という式で表すことができます。コンビニエンスストアの例では次のようになります。

経営安全率＝経営安全額三〇万円÷売上高二五〇万円＝一二％

この数値は売上が一二％下がれば赤字に転落することを意味しています。店舗が安定的に黒字を維持するためには二〇％程度はあったほうがよいでしょう。そして、たとえば二〇％を維持するためには何をしなければいけないか、またどのような店舗戦略を構築しなければならないのかということを考えていくわけです。これについては次章以降で詳しく述べます。

収益性分析の事例

COLUMN

収益性分析（売上高、粗利益、粗利益率、営業利益、営業利益率、販売費・管理費、販売費・管理費率）について、たとえば自店の数値が表1のように推移しているとしましょう。そして当期と前期を比較すると、表2のようになります。

それでは個別に見ていきましょう。

①売上高

まず売上高ですが、前期と比べて二〇〇〇万円減少しており、前期比一一・一％減少しています。減少したということは、その原因が必ずあるはずです。

また、売上高は「来店客数×客単価」に分解できますが、それにより、来店客数が減っているのか客単価が下がっているのかを把握します。新たな競合の出現か、既存の競合店が猛威を振るっているのか、それとも消費者の消費額自体が落ちているのか、自店の品揃えが既存の顧客に適合しなくなっているのか、さらにはどの商品カテゴリーの売上が下がっているのか……といったことを探ります。それには、外部環境である競合分析・顧客分析・マクロ（PEST）分析、内部（自店）分析での情報が必要になります。

[表1] 自店の収益性

	前期		当期	
	実績値（千円）	対売上高比率（%）	実績値（千円）	対売上高比率（%）
売上高	180,000	100.0	160,000	100.0
売上原価	126,000	70.0	116,000	72.5
粗利益	54,000	30.0	44,000	27.5
販売費・管理費	42,000	23.3	43,500	27.1
営業利益	12,000	6.6	500	0.3

[表2] 自店の収益性の前期比

	前期比	
	実績値（千円）	対売上高比率（%）
売上高	△20,000	
売上原価	△10,000	+2.5
粗利益	△10,000	△2.5
販売費・管理費	+1,500	+3.8
営業利益	△11,500	△6.3

②売上原価（率）、③粗利益（率）

表2で粗利益を見ると、前期比一〇〇〇万円減少しています。単純に売上高が減少したことによるものなのか、それとも仕入原価が上昇したことによるものなのかを分析する必要があります。それには粗利益率を見ます。粗利益率は前年比二・五％下がっているため、単純に売上高が減少したことに加え、売上原価率が二・五％上昇したことにより粗利益が低下したことが把握できます。

これも外部環境である競合分析・顧客分析・マクロ（PEST）分析、内部（自店）分析などにより原因を特定していきます。たとえば新規参入店の出現により競争が激化して販売価格が下落した、自社の仕入先の交渉力が増して仕入単価が高くなったなどです。

④販売費・管理費、⑤営業利益

営業利益は前期と比べて一一五〇万円減少しています。これも単純に粗利益が減少したのが原因なのか、それとも販売費・管理費が上昇したことが原因なのかを見極める必要があります。

そのためには営業利益率に着目します。当期の営業利益率は〇・三%で、前期の六・六%と比べると大幅に下落しているため非常事態といえます。前期比では六・三%減少していますが、内訳を見ると粗利益率が二・五%減少し、販売費・管理費率が三・八%上昇していることがわかります。販売費・管理費の前期比三・八%上昇については、どの部分が上昇しているのかを精査する必要があります。

表3のように販売費・管理費の詳細を見てみると、販促費率三・四%の上昇が販売費・管理費率の上昇の原因だということが把握できるでしょう。

次はさらに販促費を細かく見ていきます。たとえば、販促費の細目を調べたところ、新聞折

[表3] 販売費・管理費率(対売上高比率)の詳細の推移

	前期(%)	当期(%)	前期比(%)
人件費率	13.5	13.7	0.2
販促費率	2.5	5.9	3.4
販促管理費率	1.4	1.5	0.1
設備費率	3.0	3.2	0.2
一般費率	2.9	2.8	△0.1
合計	23.3	27.1	3.8

収益性分析

収益性分析で見るべきポイント	なぜ下がっているのか? (参照:業界分析、競合分析、顧客分析、自店分析)
1. 売上高 (延べ)来店客数×客単価 ※客単価=製品単価×購入点数	・来店客数は客単価か? ・新たな競合の出現か、既存の競合か、消費の冷え込みか、自店の品揃えがニーズに合わないのか? ・どの商品カテゴリーの売上が下がっているのか?
2. 粗利益(率)、売上原価(率) 粗利益=売上高−売上原価 粗利益率=粗利益÷売上高 売上原価率=売上原価÷売上高	・売上高が減少したのか? → ※ 上記 1. 売上高へ ・仕入原価が上昇したのか? → それはなぜか?
3. 営業利益(率)、販売費・管理費(率) 営業利益 =売上高−(売上原価+販売費・管理費) ※販売費・管理費…人件費、販促費、販促管理費、設備費、一般費 etc.	・粗利益が減少したのか? → ※ 上記 2. 粗利益へ ・販売費・管理費が上昇したのか? → 人件費か、販促費か、販売管理費か? → それらはなぜか…費用上昇の目的があったのか、あった場合はその効果は?

り込みチラシと店頭イベントの開催、本部への販促協力金がありました。そして前期と比べて支出額が伸びている項目を調べてみると、新聞折り込みチラシの支出額が伸びていることがわかりました。その支出額が伸びた原因を調べると、チラシの頻度を週一回から週二回に変更したことと、チラシの配布範囲を隣町にも拡大したことが挙げられました。このように把握することで、チラシによる販促の効果が出ていないことが判明します。

つまり、なぜ効果が出ないかという原因を環境分析により深く掘り下げていき、店舗のターゲットとする顧客の変更や販促方法の改善などに役立てていくことができるわけです。

2-5 財務的観点からの定量的分析④ ～安全性分析～

財務的観点からの定量的な分析の具体的切り口である収益性、安全性、生産性のうち、二番目の安全性分析について見ていきましょう。

基準として以下の説明の中で示される数値は、あくまで一般的な目安です。業界や自店の目標によりこれらの基準は設定されるべきであることに留意してください。よって数値そのものよりも、「なぜこれらの基準が重要か」「一般的な基準として、なぜこれらの数値が挙げられているか」「業界・目的から考えて、自店としての基準はどの程度になるか」という本質的な部分を理解して基準が設定できることを目標に読み進めてください。

【安全性分析】

安全性分析では自店の財務基盤が安定しているかどうかを見ます。これが安定しているか否かで、とり得る戦略の幅が決まります。チェックする項目は次のとおりです。

①キャッシュの潤沢さ…最低でも月商の二カ月分のキャッシュがあるか（利益額ではない

安全性分析で確認すべき事項

①キャッシュの潤沢さ
・月商の2カ月分のキャッシュがあるか
②固定長期適合率
＝固定資産÷(自己資本＋固定負債)
・100％未満におさまっているか
(70％程度が適当だといわれる)
③自己資本比率＝自己資本÷総資本
・大きく借入に依存していないか
(30％程度が適当といわれる)

ことに注意)

②**固定長期適合率**…固定資産が、自己資本と長期にわたって返済する固定負債によってどの程度まかなわれているかを示す。一〇〇％を超えていれば明らかに固定資産が短期に返済義務のある流動負債によってまかなわれている部分があり、資金調達と運用のバランスが悪いといえる。一般的には七〇％程度が適当といわれる

③**自己資本比率**…自己資本に対する総資本の割合、つまり企業が調達してきた資本総額のうち、返済義務のない自己資本がどの程度あるかを表したもの(三〇％程度は必要)

固定長期適合率と自己資本比率については、過去の数値や業界標準値との比較を行います。

2-6 財務的観点からの定量的分析⑤ ～生産性分析～

財務的観点からの定量的な分析の具体的切り口の最後は、生産性分析です。

【生産性分析】

生産性とはインプット（投入）に対するアウトプット（産出）の割合をいい、店舗のインプットは①人的資本（人の生産性）と、②設備資本（モノの生産性）に分けられます。では、それぞれについて見ていきましょう。

①人の生産性

(i)人時《にんじ》生産性＝粗利益÷総人時（総労働時間）

粗利益のうち、一時間あたりの値です。つまり、一時間あたり店舗がどれだけの粗利益を生み出しているのかを計算したものだといえ、店舗の時間的な効率を示します。

この数値についても自店の前年・前々年値や業界基準値との比較を行います。

(ii)労働分配率＝人件費÷粗利益

粗利益のうち人件費にあてられる割合です。

売上と粗利益の違いは明確です。たとえば売上が増えても原価が高くなったり、値引きなどで儲かる仕組みといえる粗利益が減ってしまったりすれば、それによってまかなう人件費にかけられる経費も変わってきます。その基準を表すのが労働分配率と呼ばれる粗利益対人件費率の値です。

ここで重要なのは、売上に関係なく、粗利益が下がれば人件費も下げる必要があることです。逆にいうと、それほど適正な粗利益を維持することは重要であり、また難しいことでもあるのです。この労働分配率を用いて、ただ人件費を下げるという視点だけでなく、逆に粗利益の適正確保の可能性と基準の設定を常にモニタリングしながら確定していくことが重要です。

粗利益は自店が生み出した付加価値であり、その付加価値はさまざまな利害関係者に分配されます。株主に対しては配当、従業員に対しては人件費、金融機関に対しては支払利息、そして国に対しては税金という形で分配されています。

その結果、いくら生産性が高くても過大に分配されていれば自店に残る利益は少なくなってしまいます。とくに人件費は、費用の中でも大きな割合を占めるため、その分配には注意を払う必要があります。
労働分配率についても、自店の前年・前々年値や業界基準値との比較を行います。

②モノの生産性

店舗運営には、人だけでなく生産設備などの設備資本も大きな費用が必要になります。とくに労働集約的な店舗でなく資本集約的な店舗では、設備資本の投資効率の把握も重要となるのです。

投資効率は**粗利益÷資本**という式で計算を行いますが、これは資本投入に対し、どの程度の粗利益が産出されているのかを見るものです。詳しくは、分子である資本を総資本、有形固定資産や設備資産（有形固定資産＝土地・建物など）などにして、各々の資本投資効率を分析することができます。また分子を「在庫金額」とすることによって、在庫の効率を見ることができます。この金額を適正に維持することで、「在庫‐仕入‐販売」といった効率的なマーチャンダイジングを実施することができます。

それぞれの資産の投資効率を過去の数値および業界基準値との比較を行って、自社のビジネスモデルがどのようなところに強み・弱みがあるのかを分析し、改善すべき場所を明確にしていきます。

生産性分析で確認すべき事項

①人の生産性
　(i) 人時生産性＝粗利益÷総人時（総労働時間）
　　・粗利益のうち1時間あたりの値（店舗の時間的効率）
　(ii) 労働分配率＝人件費÷粗利益
　　・粗利益のうち人件費にあてられる割合
②モノの生産性＝粗利益÷資本
　・資本投入に対する粗利益の割合
　・分母の資本を総資産、有形固定資産や設備資産
　　（有形固定資産＝土地・建物など）などにして、
　　各々の資本投資効率を分析することができる
　　↓ 算式を分解すると
　粗利益率（粗利益÷売上高）×資本回転率（売上高÷資本）

　また、資本生産性（粗利益÷資本）は、次のように分解することができます。

粗利益率（粗利益÷売上高）×資本回転率（売上高÷資本）

　よって、資本生産性を高めるためには、「競争優位性のある付加価値の高い商品・サービスをつくり上げて粗利益率を高めること」、そして「資本の回転率を高めて資本の利用効率を高めること」が条件であることがわかります。そして資本回転率（売上高÷資本）の分子を、直接的に生産に貢献している有形固定資産や設備資産にあてはめることにより、粗利益率を高めることに加えて、有形固定資産や設備資産の利用効率を高めなければならないことがわかります。

2-7 非財務的観点からの定性的分析①
～人材・組織、マーチャンダイジング～

次に、財務的観点以外（非財務的観点）からの定性的な分析を行いましょう。

これは、前項までで述べた財務的観点からの定量分析と密接に関連しています。なぜなら、財務的観点からの定量的分析において店舗の収益性・安全性・生産性について把握しても、その数値はあくまで結果であり、その結果をもたらした原因はこれから述べる定性的な分析によって明らかになることが多いからです。

非財務的観点からの定性的な分析は、大きく分けて次の五つの切り口で行います。

①人材（リーダーや従業員の質的・量的充足度）・組織
②マーチャンダイジング（MD＝品揃え、仕入、在庫など）
③プロモーション（店外、店内）
④店舗・設備（売場面積、駐車場、立地条件、店舗構造、付帯施設）
⑤情報（顧客・商品・財務情報）活用度合い・管理体制

これらについては、主に競合店との比較を行って、自店の強み・弱みがどの箇所で生じているのかを明確にします。さらにこの五つの切り口は、第3章で述べる店舗戦略に有用な情報を提供します。

では、それぞれについて詳しく見ていきましょう。

①人材・組織

まず、自店の人材・組織について説明しましょう。

人材・組織の観点からは、自店のオペレーション能力の良し悪しを判断するために、組織体質（風土）や店長・経営者のスキル、モチベーション、従業員の充足度など、さまざまな人的視点で分析を進めます。

これらの項目について競合店との比較を行うわけですが、第1章の競合分析の項で述べたように、実際の比較に際しては、事前に評価基準を具体的に設定しておく必要があります。そして、その基準に基づき、定期的な覆面調査（52ページコラム参照）などによって、抽象的かつ曖昧になりがちなこれらの定性分析をできる限り具体的かつ標準化されたプロセスとともに進めていく必要がある、ということを忘れてはなりません。

なお定性的な分析も、覆面調査などで評価基準を基に判定していって、最終的に数値で評価結果を行うものと、ヒアリングやグループインタビューなど、選択問題ではなく自由意見を反映していくものを含んでいることも理解しておきましょう。

②マーチャンダイジング（MD）

次に、自店のマーケティング政策についてチェックをします。店舗のマーケティング政策は、マーチャンダイジング（MD）、プロモーション、店舗と設備の三つです。

この三つの切り口についても第1章の「競合分析」の項ですでに述べましたが、マーケティング政策に関して競合店の競争優位性を確認するときは、自店との比較を行います。また、自店の競争優位性を確認するときは、競合店との比較を行って優劣の判断をします。そのため、分析の切り口としては第1章で述べたMD分析と同じになります（44～47ページ参照）。

マーチャンダイジングは小売業にとって最も重要なものです。なぜなら、マーチャンダイジングは顧客が求む魅力的な商品を仕入れて販売し、在庫のバランスをとる、といった店舗の事業そのものを指すからです。具体的には、これも商品ラインや商品アイテムの数や鮮度、価格といったチェック項目について、競合店と比較をして自店の強み・弱みを明らかにします。

●人材・組織およびMD分析で確認すべき事項●

分析の視点	チェックポイント
人材・組織	組織体質（風土）
	店長または経営者のスキル（リーダーシップ、管理能力）・やる気度合い（責任感・集中力など）
	従業員の量的充足
	従業員の質的充足（商品知識・接客技術・その他オペレーション能力）
MD（マーチャンダイジング）	商品ライン数（品群・品種の多さ）は広いか狭いか
	商品アイテム（商品ラインの中のアイテム数、品目・単品）は深いか浅いか
	特徴的な品揃え（地場仕入、産地直送、農家指定穀物など）はあるか
	鮮度は保たれているかどうか
	商品構成上、核カテゴリーとなるものは何か
	価格帯は競合と比べて高いか安いか
	在庫管理（物流含む）に特徴は見られるか
	仕入方法に特徴は見られるか

⇩

人材および組織・MDの政策が店舗戦略に合致しているかどうかを確認

分析により自店の強み・弱みが明らかになったら、それらが店舗戦略に合致しているかどうかを確認します。

店舗戦略はターゲットとする顧客層やターゲットとする顧客のニーズを把握し、そのニーズをどのような自店の差別化できる特徴によって満たすかを考えることです。つまりここで把握しなければならないのは、現状の自社のマーチャンダイジング能力が顧客ニーズを満たし、かつ競合他店と比較して差別的優位性があるかどうかということです。

2-8 非財務的観点からの定性的分析②
～プロモーション、店舗・設備～

引き続き、定性的分析について見ていきます。

③プロモーション（店外、店内）

競合分析の項でも述べましたが、プロモーションとは「顧客への伝達」のことをいいます。商圏内の顧客に特売やイベントなど、店舗に関する情報を伝達する役割を果たします。

前述のとおり、プロモーションには、(i)店外プロモーションと(ii)店内プロモーション（インストアMDを含む）の二種類があります。プロモーションに関する具体的なチェックは、競合分析の際のプロモーション分析と同じ項目を自店について行います。

(i)店外プロモーション…新聞折り込みチラシ、テレビ・新聞・雑誌などの広告のタイミングや頻度、対象となるエリアの程度と内容、ウェブサイトやファックスDMなどでのクーポン発行、イベント・特売情報などの告知がなされているか

(ii)店内プロモーション（インストアMDを含む）…店頭訴求、じゅう器・備品・照明、

ＰＯＰ広告、店員の商品知識、接客技術のレベル、顧客満足のレベルなどを分析。なお、インストアＭＤについてのチェック項目としては、レイアウトの工夫（回遊性を高める工夫）、や陳列の工夫（ゴールデンライン、フェイス管理、クロスマーチャンダイジングなど、購入率を高める工夫）が見られるかなどが挙げられる

以上の項目について競合店と比較し、これらプロモーションに関するチェック項目が店舗戦略に合致しているかどうかを確認します。店舗戦略はターゲットとする顧客層とそのニーズ、そしてそのニーズをどのような自店の差別化できる特徴によって満たすかを考えることです。つまり把握しなければならないのは、現状のプロモーションが顧客ニーズを満たし、かつ競合店と比較して差別的優位性があるか否かをチェックすることなのです。

④店舗・設備（売場面積、駐車場、立地条件、店舗構造、付帯施設）

チェックポイントは次に挙げるとおりです。切り口は競合分析の項で挙げた店舗・設備のチェック項目と同様になります。

(i)売場面積…店舗について、初めに把握すべき項目。面積によって、品揃えの豊富さやワンストップショッピング（複数のジャンルにまたがる買い物などの目的を、消費者が一箇所で便利に済ますこと。あるいはそのような購買行動）の利便性に制約が出る

ため、店舗面積が広いことは即競争優位につながるからである。競合店や業界標準値と比較し、優位性を判断する

(ii)**駐車場の数**…売場面積の次に重要な項目。郊外に立地する店舗では自動車による来店客が大半を占めるため、とくに重要である。せっかく来てくれた顧客が駐車場の収容台数が少ないことに不満を感じて、次回以降来店するのを躊躇しているとすれば、すでに競合に顧客を奪われていることになる。売場面積に見合った駐車場があるのとないのでは、自動車で来店する顧客の集客度が大きく違ってくる。これに関しても競合店との比較および業界標準値との比較を行うが、その際には絶対数だけでなく売場面積あたりの駐車場の数などで比較するのも有効

(iii)**立地条件**…接する道路の交通量や駅からの客の取り込み、教育・行政・交通機関などの集客効果、商店街の盛衰状況などから立地条件がよいか悪いかを判断する

(iv)**店舗の構造上、有利な点や不利な点はないか**…天井が低くて圧迫感がある、建築してから一回も改装を行っていないため古臭いなどの点についてチェックする

(v)**付帯施設の充実状況**…アミューズメント施設が充実している、子供がいる顧客のための託児所がある、環境に万全を期した生ごみ処理施設などを有している、障害者に対

●プロモーション分析、店舗・設備分析で確認すべき事項●

分析の視点		チェックポイント
プロモーション	店外プロモーション	新聞折り込みチラシ、テレビ・新聞・雑誌などの広告のタイミングおよび頻度
		新聞折り込みチラシ、テレビ・新聞・雑誌などの広告の対象となるエリアの程度
		新聞折り込みチラシ、テレビ・新聞・雑誌などの広告の内容
		Webサイトやファックス DMなどでのクーポン発行、イベント・特売情報などの告知がなされているか
	店内プロモーション（インストアMDを含む）	店頭訴求の工夫が施されているか
		じゅう器・備品・照明は工夫がされているか
		POP広告は工夫が施されているか
		店員の商品知識・接客技術のレベルは高いか
		次回再度来店してもらう工夫として、カードやポイントカードを発行したりして、優良顧客を維持するための顧客管理を実施しているか
		レイアウトや陳列に工夫がされているか
店舗・設備		売場面積
		駐車場の数
		立地条件
		店舗の構造上、有利な点や不利な点
		付帯施設の充実度

⇩

プロモーション・店舗および設備の政策が店舗戦略に合致しているかどうかを確認

応したエレベーターやスロープがあるかなどをチェック

以上の項目について競合店や業界標準値との比較を行って自店の強みと弱みを分析し、それが店舗戦略に合致しているかどうかを確認します。

前述のように店舗戦略は、ターゲットとする顧客層やターゲット顧客層のニーズを把握し、そのニーズをどのような自店の差別化できる特徴で満たすかについて考えることです。現状の店舗と設備が顧客ニーズを満たし、かつ競合店と比較して差別的優位性があるかどうかをチェックすることが重要になるのです。

2-9

非財務的観点からの定性的分析③

〜情報活用度合い・管理体制〜

では、定性分析における最後の項目である情報活用度合い・管理体制について見ていきましょう。

⑤情報（顧客・商品・財務情報）活用度合い・管理体制

情報活用や管理体制の良し悪しは、店舗運営（オペレーション）に大きく影響します。

店舗運営は、常に次のようなマネジメントサイクルで成り立っています。

・プラン（計画）を立てる
↓
・それを日々実行する
↓
・そこから情報を得る
↓
（→プランへ戻る）

・それを次の計画にフィードバックする
←
・その情報から得た教訓を踏まえて、次の計画が立案される

組織ぐるみでの日々の改善活動によって強い店舗ができあがり、顧客に支持されていくといってもよいでしょう。

しかし、得られた情報を活用せず、また内部管理体制もしっかりしていないとしたらどうでしょう？

オペレーションもただやりっぱなしで弱点も改善されないのでは、そのうちに顧客を競合店に奪われてしまいます。その意味で、情報活用と情報の管理体制はとても重要なものといえるのです。

情報活用度合い・管理体制においてチェックすべき項目は次に挙げる四点です。

(i)「顧客情報」に関して、それを反映させたマーチャンダイジング、ＰＲ、売場づくりなどが行われているか

(ii)「商品情報（仕入情報・在庫情報・販売情報）」に関して、それを反映させたマーチャンダイジング、ＰＲ、売場づくりなどが行われているか

(iii)「財務情報」などの定量的情報が日々のオペレーションに活用されているか

(iv)情報を活かした管理ができるよう、店舗内の報告・指示・周知徹底などのルールができあがっているか

さらに、これらの項目が自店の店舗戦略（店舗コンセプト）に合致しているかどうかを確認します。

第3章で詳しく述べますが、店舗戦略はターゲットとする顧客層およびそのニーズを把握し、そのニーズをどのような自店の差別化できる特徴で満たすかを考えることです。つまり、現状の情報活用度合い・管理体制が顧客ニーズを満たし、かつ競合他店と比較して差別的優位性があるかをどうかをチェックしなければならないというわけです。

当然のことながら、店舗戦略（店舗コンセプト）自体も果たしていま現在適切であるかどうかを常にチェックする必要があります。つまり、自店を取り巻く環境や自店の資源・能力の変化といった店舗経営を行うにあたっての大前提が少しでも変われば、その大前提に基づいて設定された以前の店舗戦略も再考する必要があるということです。

具体的には、店舗戦略をベースにつくられた一～三年の中期計画などの大きな方向性を定めたものと、その店舗戦略の中期計画に基づいて個別の施策を中心に計画される月次の

●情報活用度合い・管理体制分析で確認すべき事項●

分析の視点	チェックポイント
情報活用度合い・管理体制	「顧客情報」に関して、それを反映させたMD、PR、売場づくりなどがなされているか
	「商品情報（仕入情報・在庫情報・販売情報）」に関して、それを反映させたMD、PR、売場づくりなどがなされているか
	「財務情報」などの定量的情報が日々のオペレーションに活用されているか
	情報を活かした管理ができるよう、店舗内の報告・指示・周知徹底などのルールができあがっているか

⇩

情報活用度合い・管理体制の政策が
店舗戦略に合致しているかどうかを確認

アクションプランのような現場の戦術とを明確に区別します。あくまで、戦略ありきの戦術であることを忘れずに、戦略に影響を与えかねない環境の変化をいつでも察知できるような情報管理体制をつくることが重要となるのです。

以上、外部環境と内部環境の把握について述べてきましたが、それらの把握ができたら、この中から自店にとってインパクトの強い項目を絞り込んで、それに対応する店舗戦略を立案していくことになります。

なお、店舗戦略の詳細については第3章で述べます。

第3章

戦略の策定（店舗コンセプトの策定）

- 1. 地理的変数
- 2. 人口統計的変数
- 3. 心理的変数
- 4. 行動的変数

- 1. セグメントの規模は適正か
- 2. セグメントの成長性は高いか
- 3. セグメントの収益性は高いか
- 4. 必要なスキル・資源はあるか
  - 1. 優れた資産
  - 2. 特徴的な能力
  - 3. 戦略的な連携
- 5. 自店の長期的目標と合致しているか
  - 1. 理念（価値観）
  - 2. ビジョン

- 1. コスト優位
- 2. 差別化
  - 1. 商品の差別化
  - 2. サービスの差別化
  - 3. 従業員の差別化
  - 4. イメージの差別化

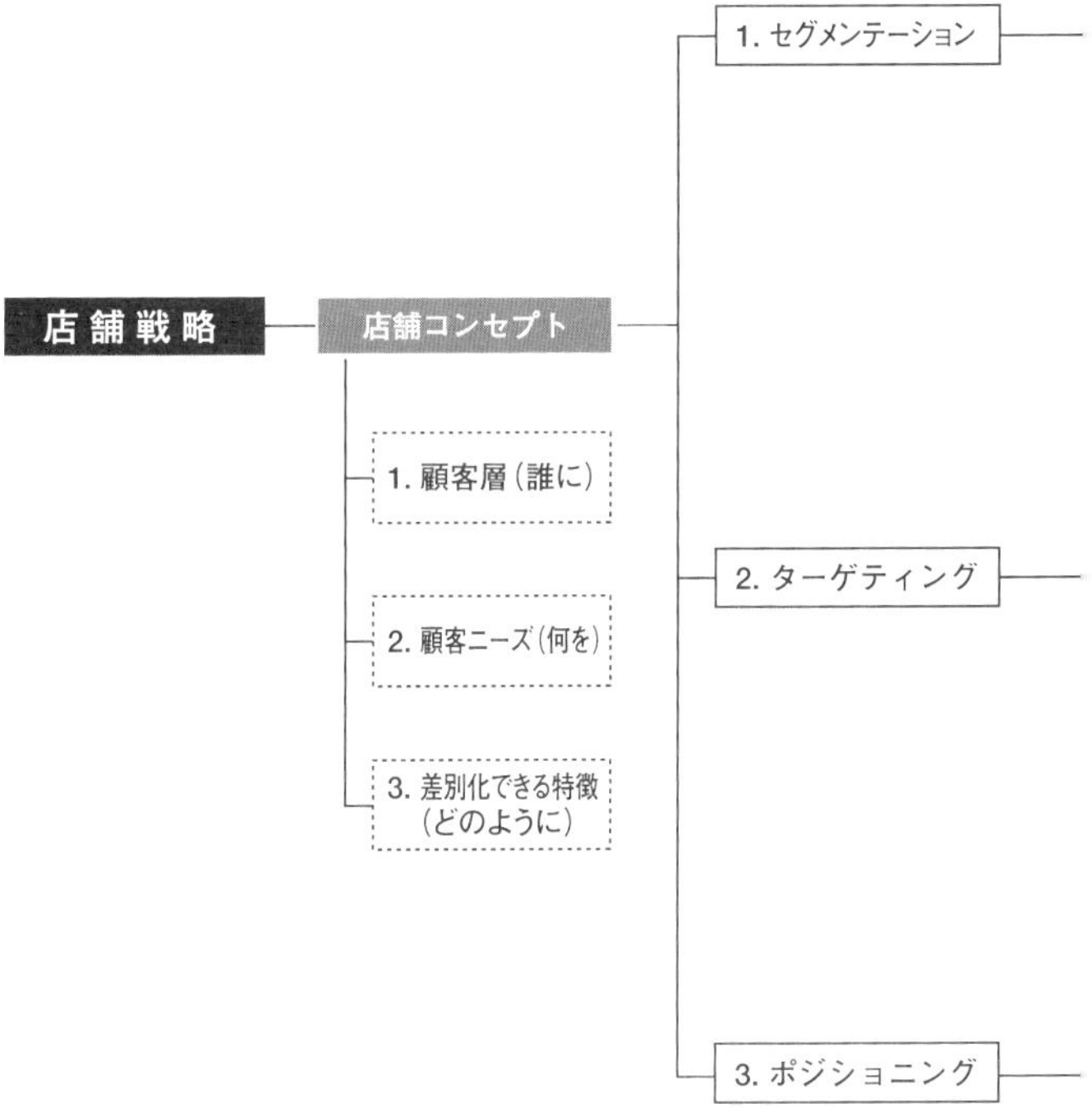
店舗戦略
店舗コンセプト
1. 顧客層（誰に）
2. 顧客ニーズ（何を）
3. 差別化できる特徴（どのように）
1. セグメンテーション
2. ターゲティング
3. ポジショニング

3-1 店舗戦略の立案

第1章・第2章では、店舗戦略を立案する準備段階として店舗を取り巻く内外の環境を体系的に見てきました。店舗戦略を立案するとは、店舗の方向性（コンセプト）を決定することですが、その店舗の方向性を決めるために店舗を取り巻く内外の環境を精査することが必要なのです。方向性が不明確なまま小手先の技術、たとえば見やすいPOPをつくったり、陳列方法を改善したり、チラシのつくり方を変えたりするだけでは、顧客に店舗の魅力を訴えることはできません。店舗の方向性を決定するとは、簡単にいえば「どのような店舗にするのかを決定すること＝店舗の業態を定義すること」だといえます。

ところで、業態と似た言葉に業種がありますが、業種と業態はまったく違うものです。業種とは、たとえば魚屋、肉屋、花屋、百貨店など、取扱商品を基準にした区別といえます。一方、業態とはどのような店舗にするかということであり、小売店舗のオペレーション特性を基準にした区別、顧客の消費動機への対応の仕方による分類です。たとえば、一

業種と業態の違い

店舗戦略…店舗の方向性を決定すること

||

どのような店舗にするのか（店舗の業態）を決定する

○**業態**…店舗のオペレーション特性を基準にした区別

（一般的な類型で考えるのではなく、第１章・第２章で述べた環境分析を活かして、顧客の買い物行動に対応した業態を構築することが重要）

○**業種**…取扱商品を基準にした区別

口に服屋といっても、ＤＣ（デザイナーズ＆キャラクターズ）ブランド店からカジュアルウエア店、作業着専門店など多くの業態があります。中華料理店なら福臨門魚翅海鮮酒家や聘珍樓のような高級料理店から、紅虎餃子房のような中華カジュアルレストラン、バーミヤンのような中華ファミリーレストラン、そのほかにもラーメン店や飲茶店、餃子店、中華粥店などの専門店があります。

この業態をコンビニエンスストアやディスカウントストアなどのような一般的な類型で考えるのではなく、第1章・第2章で述べた精緻な環境分析を活かして、顧客の買い物行動に対応した業態、つまり店舗のタイプを構築しなければならないのです。

3-2 店舗戦略の三つの軸

「店舗経営にまつわる三つの俗説」の部分でも述べましたが、**戦略**と**戦術**は両方必要なものです。そしてそのうえで、両者を明確に区別する必要があるのですが、混同されて使用されることがしばしばあります。優秀な店長、はたまた流通大手の事業部長レベルでも両者を混同してしまうことがあるほどです。戦略と戦術の違いは次のとおりです。

- **戦略**＝店舗コンセプト（店舗の業態）
- **戦術**＝品揃え・価格、プロモーション、店舗と設備などのマーケティングミックスを構成する要素

つまり、店舗のコンセプトを決めることが、店舗戦略を決めることになるわけです。一方、マーケティングミックスは戦術です。正確には、戦略に基づいた戦術といえます。店舗戦略を立案することによって店舗コンセプトを明確にし、そのコンセプトに基づいて戦術としてのマーケティングミックスを考えていくのです。

では、戦略である店舗コンセプトとは具体的に何を策定することなのでしょうか？　店舗コンセプトは次の三つの軸で定義されます。

①ＷＨＯ（誰に）＝顧客層
②ＷＨＡＴ（何を）＝顧客のニーズとウォンツ
③ＨＯＷ（どのように）＝差別化できる特徴

つまり、「どのような顧客層のどのようなニーズとウォンツをどのような独自技術で満たしているのか」ということを探ることになるわけです。順番に見ていきましょう。

①ＷＨＯ（誰に）＝顧客層

どのような顧客層をターゲットとするのかということです。年齢、家族構成、所得、職業、購買目的などによる区分が考えられますが、年齢による区分では、乳幼児、小学生、中・高校生、二〇代、三〇代、四〇代、五〇代、六〇代といった区分が一例として挙げられます。また家族構成であれば、一人世帯、二人世帯、三人世帯、四人世帯、五人以上世帯といった区分が例として挙げられます。

②ＷＨＡＴ（何を）＝顧客のニーズとウォンツ

ターゲットとした顧客層のどのようなニーズに応えるのかを決定します。たとえば、低価格志向、深夜営業、ワンストップショッピング、品揃えの豊富さ、車での買い物ニーズ、家族で買い物を楽しみたい、健康志向といったことが考えられます。

③HOW（どのように）＝差別化できる特徴

どのような独自能力や強みで顧客のニーズを満たすのかを決定することです。たとえば商品構成の特徴や修理サービスの充実、優秀な店員によるアドバイスなどです。

この三点について明確にすることが、店舗コンセプトの策定であり、店舗戦略の完成といえます。あとはその戦略に基づいて具体的な施策（品揃え・価格、プロモーション、店舗と設備などのマーケティングミックス要素）を、一貫性を持たせて構築していくのです。

なお、店舗戦略立案の際に重要となるのは、次の三点です。

・顧客のニーズに合致する
・競合との差別化が図られている
・自店の経営資源に見合っている

「顧客（Customer）」「競合（Competitor）」「自店（Company）」の頭文字をとって3Cと呼ばれますが、これら三つの環境に適合していなければ、店舗として収益は上げられないということです。

戦略と戦術の区別

・戦略…店舗コンセプト（店舗の業態）
・戦術…品揃え・価格、プロモーション、店舗と設備などのマーケティングミックスを構成する要素

環境分析（第1章・第2章） ⇒ 戦略（店舗コンセプト＝業態） ⇒ 戦術（マーケティングミックス）（第4章）

店舗コンセプト策定の３つの軸

①ＷＨＯ（誰に）＝顧客層
②ＷＨＡＴ（何を）＝顧客層のニーズとウォンツ
③ＨＯＷ（どのように）＝差別化できる特徴

⇩

「どのような顧客層の、どのようなニーズとウォンツを、どのような独自技術で満たしているのか」を決定する

3-3 店舗戦略策定プロセス①　～プロセスの概要～

前項で述べたとおり、店舗戦略である店舗コンセプトは、①WHO（顧客層）、②WHAT（顧客のニーズとウォンツ）、③HOW（差別化できる特徴）という三つの軸で定義されます。

では、この三つの軸を定義する方法は具体的にどのようなものになるのでしょうか？本書では、マーケティングの第一人者であるフィリップ・コトラーが提唱する戦略的マーケティング技法に沿って三つの軸を定義します。

現代の戦略的マーケティングの核心は「自店の能力に従って満たすべき顧客のニーズの的を絞り、しかも他店とも差別化する」ことであるといわれます。そのためには、①市場を細分化（**セグメンテーション**：segmentation）し、②細分化された市場を絞り込み（**ターゲティング**：targeting）、③その細分化された市場を狙ううえで、他店と明確に差別化できる特徴づけ（**ポジショニング**：positioning）を考える、といった三つのプロセスを経る必要があります。

ところで、なぜ満たすべき顧客のニーズの的を絞らなければならないのでしょうか？

たとえば、日本に住む約一億二七〇〇万人の消費者ニーズを一つの店舗がすべて満たそうというのは現実的ではないでしょう。なぜなら、消費者一人ひとりが美味しいものが食べたい、仕事ができるようになりたい、異性にもてたい……といった多種多様なニーズを持っているからです。それらすべての欲求を一つの店舗で満たそうとしたところで、資源に限りがあるため、まず無理でしょう。いろいろなことに手を出した結果、すべてにおいて中途半端な店になってしまうという状況に陥るのは明らかです。

ハンバーガーショップ一つをとっても、価格が安い、品質が良い、車で行ける、夜遅くまでやっている、野菜がたくさん入っている、ライスバーガーがある……など、数あるショップの中から消費者は自分の好みに合った店を選ぶわけです。そのため、店舗はすべての顧客層のニーズを満たそうとはしないで、的を絞って最も自店の強みが発揮できそうなところを狙うべきですし、また、そうしてこそ顧客に大いにアピールできることになるわけです。

そして、これを行う三つのプロセスが「セグメンテーション→ターゲティング→ポジショニング」なのです。

それぞれについて簡単に説明しましょう。

まずセグメンテーションとは、市場をいくつかの同一グループ（セグメント）に分けることです。たとえば消費者全体を、年収一〇〇〇万円以上の人、年齢が五五歳以上の人、エンゲル係数が三〇％を超える人、共働きで夕食の時間が夜一〇時を過ぎる世帯、五歳未満の子供がいる世帯、品質にこだわる人……といった基準で分けるのです。

次のターゲティングとは、分割した同一グループの中から自分の店舗に合ったグループを見つけ、それに狙いを定めることです。たとえば、「〝夕飯の時間が夜一〇時を過ぎる人〟で〝こだわり志向の人〟」に狙いを定めるなどです。

そして最終手順のポジショニングとは、ターゲティングによって狙いを定めた市場において、「どうやって自店の特徴を位置づけ、競合店との違いを顧客にわかりやすくアピールしていくか」を決定することです。簡単にいえば、他店との差別化をどう見せるかということになります。

では、なぜ他店との差別化を見せることが大切なのでしょうか？

それは、いくら良い商品・サービスを提供できたとしても、自店だけがその商品・サー

●店舗戦略策定のための具体的方法●

店舗コンセプトは
①WHO（顧客層）
②WHAT（顧客層のニーズ・ウォンツ）
③HOW（差別化できる特徴）
という3つの軸で定義される

⇩

店舗戦略を策定する手順
①セグメンテーション（segmentation）…市場を一定の基準で細分化する
↓
②ターゲティング（targeting）…細分化された特定の市場をターゲットとする
↓
③ポジショニング（positioning）…狙いを定めた市場で自店の特徴を位置づけ、競合店との違いをわかりやすく顧客にアピールする

ビスを提供できるというようなことは現実的に稀だからです。さらに、単に「良い商品・サービスを提供する」というだけでは、顧客にとってはその店で買う意味がありません。「他店よりも〝良く〟」または「他店よりも〝安く〟」提供できなければ、顧客は自店で買ってはくれないでしょう。

このようにセグメンテーション→ターゲティング→ポジショニングというプロセスによって、自店の店舗コンセプト、つまり①WHO（顧客層）、②WHAT（顧客のニーズ・ウォンツ）、③HOW（差別化できる特徴）が定義できることになります。

次項から、それぞれのステップを順に見ていくことにしましょう。

3-4 店舗戦略策定プロセス②　～セグメンテーション～

戦略策定の第一ステップである**セグメンテーション**から説明していきましょう。

セグメンテーションとは、前述のとおり「市場を一定の基準に従って同質と考えられる小集団に細分化する」ことです。ここで一番のポイントになるのは、その切り口の軸を何にするか（セグメンテーション変数の明確化）ということです。

一般的に、細分化の基準（セグメンテーション変数）には、①地理的変数、②人口統計的変数、③心理的変数、④行動的変数の四つがあります。

これからそれぞれについて見ていきますが、ただ、単にセグメンテーションの基準がどのようなものかについて検討するだけでは意味がありません。自分がいる業界や自店が扱う商品を考えて、どのセグメンテーション基準がどのような顧客層をつくり出し、さらに彼らがどのような消費者ニーズを持っているのかを熟考しながら読み進めていただくことが重要になります。具体的には、いくつも存在するセグメンテーションの基準から複数の基準を二つずつ選んで異なるマトリックスをつくっていきます。そして、自店にとって最も有効と思われる市場をつくる基準をその中から探し出す必要があります。そのためには何通りもセグメンテーション基準を組み合わせて考えてみてください。

では、四つのセグメンテーション変数について説明しましょう。

①地理的変数

ターゲットとする顧客を地理的に分割する基準です。具体的には都道府県や都市といったエリアや気候、そして人口密度などが挙げられます。

②人口統計的変数

年齢、性別、所得といった変数で顧客を分割する基準です。顧客のニーズは人口統計的変数と密接に関連している可能性が高いといわれています。たとえば六歳児なら、小学校に入学する際に共通してランドセルと学習机が必要になるわけです。さらには測定しやすいため、実務でよく使われています。

ただ、注意も必要です。たとえ同じ年齢の人でも自動車が好きな人もいればコンピューターゲームが好きな人もいますし、社交的な性格の人もいれば内向的な性格の人もいます。

そのため、たとえ年齢によって区分したグループであっても、その構成員の購買行動には違いが見られるものです。つまり、そのセグメントは同質とはいえないわけです。

具体的な人口統計的変数としては、年齢グループや性別、家族数、家族構成（家族ライフサイクル）、所得、職業などが挙げられます。

③心理的変数

人口統計的変数における注意点のように、人口統計的には同一グループに属する消費者でも、心理的変数で見るとまったくの別グループに属するケースがあります。心理的変数は定性的なデータであるため測定しにくい面がありますが、心理的変数を把握することができれば明確な区分がしやすくなります。

具体的な心理的変数としては、ライフスタイルや性格などが挙げられます。

④行動的変数

顧客の商品・サービスに対する知識や態度、使用状況、求めるメリットなどを基礎として市場を細分化するものです。行動的変数も定性的なデータなので測定しにくい面があります。しかし、まさに購買に直結する項目であるため、行動的変数によって区分することができれば、かなりしっかりと市場セグメントを構築したことになります。

具体的な行動変数としては、購買や使用を決める契機となる場面や追及する便益、使用頻

●セグメンテーションにおけるチェック事項●

地理的変数	
□エリア	国、県、市町村、区など
□都市の規模	都会、郊外、地方など
□人口密度	5,000人未満、2万人未満、5万人未満、10万人未満、25万人未満、50万人未満、100万人未満、400万人未満、それ以上など
□気候	暑い、暖かい、涼しい、寒い
人口統計的変数	
□年齢	6歳未満、6～12歳、13～19歳、20～34歳、35～49歳、50～64歳、65歳以上など
□性別	男性・女性
□家族数	1人暮らし、2人家族、3人家族、4人家族、5人家族など
□家族のライフサイクル	若い独身者、若い既婚者（子供なし） 若い既婚者（子供あり:末子が6歳未満、末子が6歳以上）、 年配の既婚者（子供あり:18歳未満の子供なし） 年配の独身者、その他
□所得	400万円未満、400～600万円、600～800万円、800～1,000万円、1,000～1,500万円未満、1,500万円以上など
□職業	専門職、技術職、マネジャー、公務員、事務職、セールス、職人、工員、運転手、農民、学生、主婦、定年退職者、無職
□学歴	中卒、それ以下、高校在学、高校卒業、大学在学、大学卒業、大学院卒業
□宗教	仏教、ヒンズー教、ユダヤ教、カトリック、プロテスタントなど
□人種・国籍	北アメリカ、南アメリカ、イギリス、フランスなどの国籍のほか、白人、黒人、アジア系、ヒスパニック系など
□社会階層	下流階層の中の下流、下流の中の上流、中流の中の下流、中流の中の上流、上流の中の下流、上流の中の上流、など
心理的変数	
□ライフスタイル	保守的な常識家、先端を行く指導者タイプ、芸術家タイプなど
□性格	社交的、強圧的、野心的、楽観的など
行動的変数	
□便益	品質、サービス、経済性、迅速性など、買い手がどのような目的で製品を購入しているかということ
□ユーザーの状態	非ユーザー、元ユーザー、潜在的ユーザー、初回ユーザー、レギュラー
□使用頻度	ライトユーザー、ミドルユーザー、ヘビーユーザー
□ロイヤルティー	ない、中間、強、絶対
□購買準備段階	知らない、知ってる、知識あり、興味あり、欲望あり、購買意志あり
□購買動機	どういうときに製品を購買しているかという観点からの分類
□製品への態度	非常に否定的、否定的、どちらでもない、肯定的、非常に肯定的

フィリップ・コトラー著「コトラーのマーケティング・マネジメント ミレニアム版」（ピアソン・エデュケーション）に加筆・修正

度やロイヤルティーの強さなどがあります。

以上のように、地理的変数、人口統計的変数、心理的変数、行動的変数という四つの切り口で市場を細分化していきますが、実務上重要なのは、「どの変数で市場を切るか」ということです。そのためには環境分析における顧客分析のデータを最大限活かすことが大切になります。

3-5 店舗戦略策定プロセス③ ～ターゲティング〈その1〉～

セグメンテーションによって市場を同質の集団に分割することができたら、次はその分割したセグメントの中で、どのセグメントに狙いを定めるかを決定します。これを**ターゲティング**といいます。手順としては、まず複数の視点からセグメントを評価したうえで、最終的にセグメントを選択していきます。

まずは**セグメントの評価**です。

各セグメントを評価する際には、①適正な規模かどうか、②成長性は高いか、③収益性（構造的魅力度）は高いか、④自店にスキルと資源が備わっているか、⑤自店の長期的目標と合致しているか、という五つの視点でチェックします。

では、それぞれについて説明しましょう。

①適正な規模かどうか

セグメントが自店にとって適正な規模であるかどうかを評価します。当然、大型店舗であれば大きな売上が見込めなければなりません。

では、自店にとって適正な規模とはどのように算出すればよいのでしょうか？　それには**損益分岐点分析**が必要となります。損益分岐点売上高とは損益がゼロになる店舗の採算ベースに乗った売上高のことをいい、前述のとおり次の算式で求めることができます。

$$\text{損益分岐点売上高} = \frac{\text{固定費}}{(\text{売上高} - \text{変動費}) \div \text{売上高}}$$

簡単に説明すると、変動費とは店舗の場合、売上原価を指します。また固定費とは店舗の場合、売上原価以外の販売費・一般管理費およびその他の経費を指します。固定費には接客・レジ・事務員の人件費や店舗支払家賃、水道光熱費、店舗減価償却費、支払利息などが該当します。
例として、自店の売上原価率を七五％、月額の自店の固定費を五〇〇万円として考えてみましょう。これだけ資料がそろえば損益分岐点売上高が求められます。
損益分岐点売上高＝固定費五〇〇万円÷（一－七五％）＝二〇〇〇万円
この計算により、二〇〇〇万円売り上げれば赤字にも黒字にもならない、つまり採算がとれることがわかります。しかし、赤字にも黒字にもならないのでは意味がなく、目標利益を加味して、いくら売り上げればよいかを考えねばなりません。たとえば月額の目標最終利益が二五〇万円だとします。目標利益達成のための必要売上高は、前述の損益分岐点売上高を求める式を応用して次のようになります。

目標利益達成のための必要売上高＝（固定費＋目標利益）÷（一－変動費÷売上高）

よって、損益分岐点売上高は「（固定費五〇〇万円＋目標利益二五〇万円）÷二五％＝三〇〇〇万円」となります

ここまで分析できれば、次は自店の売上予測をします。

②成長性は高いか

各セグメントの成長性はどのように測定すればよいのでしょうか？　小売店舗の場合は、商圏内の特定セグメントの市場規模がどのような要因によって増減するかについて考えることが必要となります。つまり、将来の環境の変化を考えるわけです。

そのためには、第1章の業界分析の項で述べたPESTで表現される四点についてそれぞれ把握します。

・政治的要因（Politics）…行政の建設計画や規制などの撤廃
・経済的要因（Economy）…景気動向（消費動向、支出動向）

セグメント評価の際のチェック事項

①適正な規模かどうか
②成長性は高いか
③収益性（構造的魅力度）は高いか
④自店にスキルと資源が備わっているか
⑤自店の長期的目標と合致しているか

・社会的要因（Social）…トレンド動向、少子高齢化などの社会的構造、安全性の重視などの社会的要請

・技術的要因（Technology）…通信技術などの技術革新による需要の拡大

とくにトレンドの変化や、対象となるセグメント内の人口の増減が直接的なキーとなりますが、それらはこの四つのすべてから影響を受けた結果表れる変化です。

たとえば新興住宅地や大規模マンション群の建設による世帯数の大幅増加予定や、地下鉄などの交通機関の新設や道路交通網の整備、教育機関の新設、行政機関の新設など、需要を拡大または縮小させる原因となる情報を早く察知することが重要です。

3-6 店舗戦略策定プロセス④ ～ターゲティング〈その2〉～

引き続き、ターゲティングプロセスにおけるセグメントの評価について見ていきます。

③収益性（構造的魅力度）は高いか

自店にとって適切な規模と成長性が見込めるセグメントであっても、儲からないものであれば意味がありません。とくに長期にわたって収益性があるかどうかという点が重要です。では、セグメントの収益性について具体的に考えてみましょう。

たとえば競合が一店（社）もなければ、その店舗（企業）は、顧客から十分な利益を獲得することができるでしょう。しかし、競合は常に存在します。たとえば山の上に一つしかないホテルは、さほど良質なサービスを提供しなくても、競合がいないことから、登山客から多くの利益を獲得できるわけです。しかし、競合がいる場合はそうはいきません。競争によって販売価格が下がり、また競合より良い製品・サービスを提供するためにコストが上昇していくからです。

つまり、重要なのは「将来を含めたセグメントの競合状況の激しさ」を分析することだといえます。

競合状況を網羅的に分析するには、M・E・ポーターが提唱した**五つの力（Five Forces）**というフレームワークを使用することができます。このフレームワークでは、長期的魅力度を決定する「五つの要因」を明らかにします。

五つの要因とは、セグメント内の既存の競合店、潜在新規参入店、異業態の代替店、供給業者、買い手です。各セグメントにおいてこれら五つの競争要因の力の強さを分析し、その力によって販売価格がどの程度下げられるのか、また自店のコストがどの程度上昇するのかを分析するわけです。

たとえば、既存の競合店の今後大きな脅威となる動きはどのようなものか、そしてその中で最も自店のライバルとなるのはどこか、さらにそこはいつ頃大きな攻撃を仕掛けてくる可能性があるか、などには真っ先に予測すべき典型的なものといえます。競合店は自店以上に速いスピードで経営を改善させていく可能性が高いことを忘れてはなりません。

新規参入に関しては、異業種からの大手の参入や、外資系企業の参入などが考えられます。また、大手卸売業者が小売に進出するなど、自店の取引先が競合となる可能性もある点にも注意が必要です。

異業態の代替店に関しては、とくに精査して分析する必要があります。なぜなら、すでに自店の強力な競合となっている場合があるからです。たとえば、低価格とスピードをコンセプトとしている飲食店が、隣の飲食店やファストフード店と戦っている間に、実は向かいにあるコンビニエンスストアの高価格・高品質おにぎりが強力なライバルとなっており、自店のシェアを奪っているというようなケースも考えられるのです。

供給業者（売り手）に関しては、業界内での需給バランスを基に、自店の交渉力がどの程度あるか（ないか）について精査をします。たとえば、現在いくら高品質な商品を低コストで仕入れることができていても、その供給業者にとって自店が星の数ほどもある取引先の一つでしかなかったり、契約によって安定的に将来まで同条件で供給してもらえるような同意ができなかったりすれば、自店にとっては大きなリスクを抱えることになります。

とくに自店以外にもまったく同様の商品について多くの店舗と取引をしていたり、自店より高価格・高品質（供給業者にとって儲けの大きいもの）で仕入れられる可能性がある大規模店が出てきたりした場合は、それだけ自店の交渉力は減少してしまうでしょう。

買い手に関しては、小売店の多くは最終消費者にあたるため、前項で述べた消費トレン

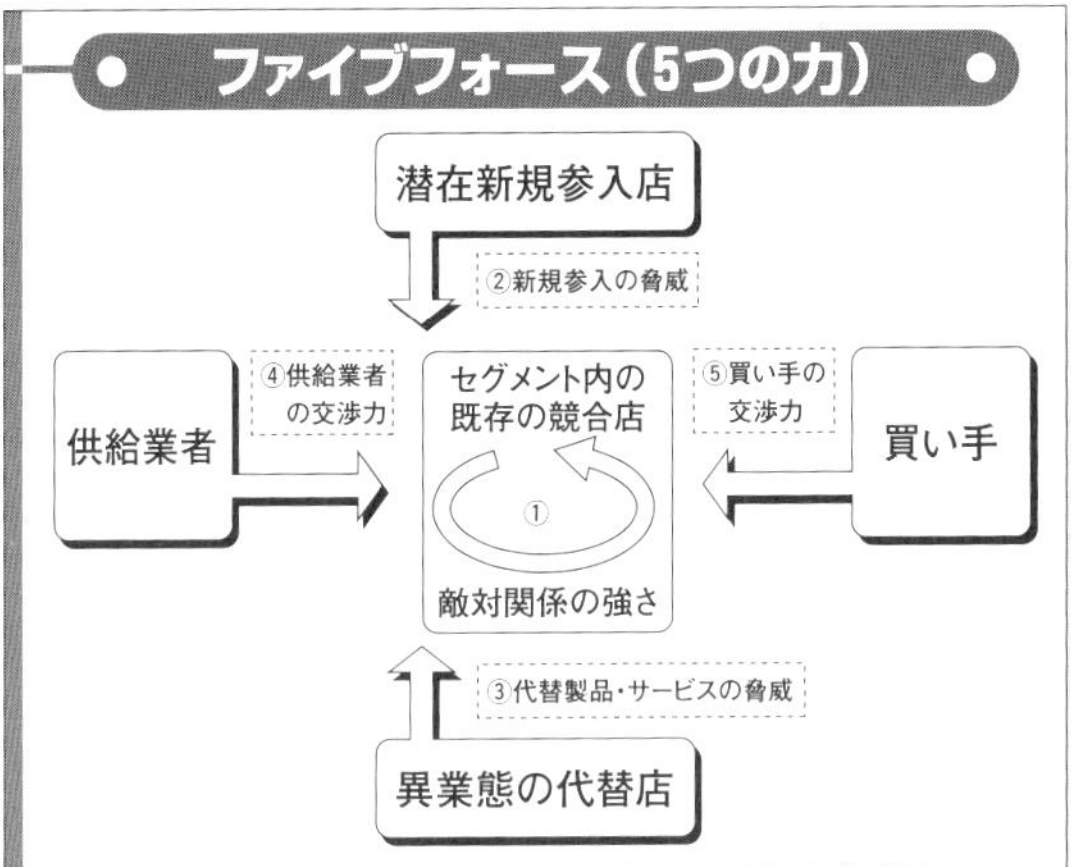

M.E.ポーター著『[新訂] 競争の戦略』（ダイヤモンド社）に加筆・修正

ドや地理的な変化によるセグメント内における人口の増減が直接影響してきます。しかし、法人向けや団地向けなど特殊な消費者グループを持つような場合は、グループ割引などを要求してくる可能性があるため、その可能性分だけ自店の交渉力が減少することに注意が必要です。

　このように、収益性を分析するといっても、自店が一方的に計画した現状の収益性だけではなく、自店の収益性を圧迫しそうな競争の力のそれぞれを考え、その激しさはどの程度なのか、またそれらの力は防御可能なのかなどについて深く分析をすることによって、本質的な収益性の姿をあぶり出すことが大切なのです。

3-7 店舗戦略策定プロセス⑤ 〜ターゲティング〈その3〉〜

引き続き、セグメントの評価について見ていきましょう。

④自店にスキルと資源が備わっているか

各セグメントに関して規模・成長性・収益性が見込めることが判明しても、自店がターゲットとするセグメントに容易に到達し、価値を提供できる経営資源やスキルを備えていなければ、目標とする利益を獲得することはできません。たとえば、現在消費者が化粧品を購買する際、個別カウンセリングを重視していることがわかっていても、カウンセリングのできる高度な接客技術を持つスタッフがいなければ、それを実行することはできないわけです。よって、十分成果を上げるために必要なスキルやノウハウ、経営資源が自店に備わっているかどうかを確認することが重要になってきます。

各セグメントにおいて独自の能力として強みになり、顧客ニーズを満たして競争優位を構築することができるかどうかについては、第2章の内部環境（自店）分析の項で詳しく述べた内容が必要になります。ここでいう競争優位は、短期間で終わってしまうものではなく、長期的に持続可能な競争優位（Sustainable Competitive Advantage：SCA）でなければなりません。そして持続可能な競争優位の基礎は、(i)優れた資産、(ii)特徴的な能力、(iii)戦略的な連携の三つです。

(i)優れた資産…優れた立地、優れた流通・販売ネットワーク、特許、トレードマーク、ブランド、優秀な人材、高い価値を提供する商品など

(ii)特徴的な能力…製品自体や価値創造（製品提供）プロセス、経営ノウハウなどを継続的に革新して、他店との競争優位性を維持できる能力。機能面でいえば、製品・サービス企画・開発力、商品調達力、配達力、マーケティング能力、営業能力など。企業全般的には、情報管理能力、優れた資産を創造して管理・維持する能力などが含まれる

(iii)戦略的な連携…自店の優れた資産、特徴的な能力では足りない部分を補完するために必要なもの。自店が持つ既存の優位性の源泉を強化することを目的として、外部資源やネットワークにアクセスし、相互補完的な強さを加えるために必要となる。既存の優位性を強化する目的と、新たな優位性を構築する目的という二つの目的があり、具体的手法には、M&A（合併・買収）や合弁会社の設立、資本参加、事業連携などがある

大切なのは、これら三つが単独で機能するのではなく、相互に結びつくことによって持続的な競争優位が構築されることです。

⑤自店の長期的目標と合致しているか

セグメントの評価において最後に重要となるのは、自店の長期的目標と合致しているかどうかです。どの店舗も店舗コンセプトを決める大前提として、店舗の理念が必要となります。それが店舗の存在意義ともいえます。たとえば、「地域の住民に安全・健康な食材を提供し続け、地域の長寿に貢献する」「日常を離れた安らぎ・癒しを提供する」などがそれにあたります。これらは自店の理念・目標というだけでなく、消費者にも、他店と比べて何が異なるのか、どのような特徴があるのか、どのような理念の下でその商品を扱っているのか、ということをわかりやすく理解させるための土台となるものです。

たとえば、ボディ&スキンケア商品を扱うボディショップ（The Body Shop）では、社会貢献とビジネスを明確に両立させるべきであるという理念の下、化粧品の動物実験反対をはじめとした五つの統一した価値観を掲げ、実際にこれらの価値観を共有するセグメントの消費者層獲得に成功しています（図参照）。

当然、将来の展望（ビジョン）についても、この理念という大前提に沿った形で、より

店舗の持続的な競争優位の基礎

①優れた資産
・優れた立地、優れた流通・販売ネットワーク、特許、トレードマーク、ブランド、優秀な人材、高い価値を提供する商品 etc.
②特徴的な能力
・商品企画・開発力、商品調達力、配達力、マーケティング能力、営業能力 etc.
・企業全般的には、情報管理能力、サプライチェーンマネジメント力、優れた資産を創造し、管理・維持する能力 etc.
③戦略的な連携
・M&A（合併・買収）、合弁会社の設立、資本参加、事業連携 etc.

ザ・ボディショップの5つの価値観

1. 化粧品の動物実験に反対しています。
ザ・ボディショップ製品には、古くから世界中の人々が生活の中で使ってきた安全性の確かな自然のスキンケア原料、様々なハーブやフルーツ、野菜などの食べ物、植物性オイルなどが多く使われ、原料や製品に対する安全性をテストする過程において動物実験を行わず、信頼性の高い代替テストを実施しています。
2. 公正な取引を通じて、社会を変えたい!
世界各地の支援を必要としているコミュニティ（地域）から直接原料やアクセサリーを仕入れ、パートナーシップを持続させていくことで、コミュニティの経済的、社会的な改善をサポートしています。
3. ひとりひとりの人権を大切にしています。
あらゆる人々の人権を尊重することは、道徳的な責任であり、またザ・ボディショップの価値観の基本です。またお客様、ビジネス・パートナー、株主、従業員などの人権を尊重していくために「社会監査」を実施し、自らの行動をチェックし、新たな目標を設定しています。
4. 私たちをとりまく環境を守ります。
ザ・ボディショップは、限りある資源を大切にしながら、将来の世代のニーズを損なうことなく、現代の人々のニーズに対応していくことを目標にしています。製品の原料調達、製造、輸送、販売、廃棄物の処理まで、可能な限り地球環境への負荷を削減する努力をしています。
5. ありのままの自分を尊重する。
私たちは皆、顔や身体、そして心も一人一人違います。誰かのようにではなく、自分らしさを大切にする生き方が素敵だと私たちは考えます。「ありのままの自分を好きになろう」それが、セルフエスティームです。

出所）ボディショップホームページ

具体的に「いつまでに何を達成したいか」ということを設定しなければなりません。たとえば「五年後に東京でシェア一五%のトップディーラーになる」というビジョンを掲げているのであれば、前述の理念やそれに含まれる価値観に沿う形で達成するものでなければならないのです。ここの統一性は、従業員と価値観を共有していきモチベーションを向上させていくという観点からも重要になります。

3-8 店舗戦略策定プロセス⑥ ～ターゲティング〈その4〉～

セグメントの評価を終えたら、次はその分析を踏まえた**セグメントの選択**というステップに入ります。

狙うに値するセグメントを抽出したら、次にすべきは、そのセグメントのうちどれだけのセグメントを実際に標的とするのかを選択することです。その場合、一つのセグメントを選択することもあれば、複数のセグメントを選択することもあります。

コトラーは、次に挙げる五つの市場セグメントの選択幅を具体的に明示しています。

①**単一セグメント集中化**…単一のセグメントに集中する

②**選択的特定化**…ばらばらに複数を選択。シナジー（相乗効果）は少ないが、リスク分散というメリットはある

③**市場特定化**…一つの市場に対し、あらゆる要求に応えようとする。たとえば「赤ちゃん本舗」のように、ベビー関連のものならば何でもそろうというもの

④**製品特定化**…単一の製品で複数の市場を狙おうとするもの。たとえば文具店でのノートという製品で、学童、ビジネスマン、主婦、ギフトという市場を狙う場合など

⑤**全市場カバー**…大企業のみが可能な選択。すべての市場で複数の製品を投入。なお、全市場カバーが可能なのは、フルラインで製品提供が可能な資本と能力を持つ大企業であり、多くの独立店舗や中小チェーン店舗では大資本に対抗することは事実上不可能といえる

また複数セグメントを選択する場合は、そのセグメント間で流通チャネルや販促、ブランドなどを共有する「販売シナジー」や接客や修理技術などを共有する「サービス生産シナジー」、研究開発投資や設備投資などを共有する「投資シナジー」、そして管理活動の知識やノウハウを共有する「管理シナジー」といった**シナジー（相乗効果）**を生み出せるようなセグメント選びをすることが重要となります。

ここで、セグメントの選択を考えるうえで、前提とすべき三つの基本戦略を紹介しましょう。それは五つの力を説いたM・E・ポーターによって提唱されたもので、いかなる個別戦略や戦術の実行を進めるうえでも、最初に自社（自店）が選択しておかなければならないものといえます。

その三つの基本戦略とは、**コスト優位（コストリーダーシップ）戦略、差別化戦略、そして集中戦略**です。

次項で詳しく述べますが、自店が優位性を持つためには、他店と比べて「より安く」もしくは「より良い」商品を提供する仕組みが必要といえます。この場合、前者がコスト優位戦略、後者が差別化戦略といえます。

コスト優位とは単に最も安く製品を提供することではなく、文字どおり最も低コストで製品を提供できる仕組みをつくることです。この点に注意してください。つまり、継続的に優位性を持たせるためには、表向きだけの安さだけでは競合に太刀打ちできないということです。一方、差別化戦略における差別化の視点はブランドやアフターサービスなど、さまざまな差別化の視点が考えられます。

また集中戦略は、ある特定の市場に集中して行動する戦略をいいます。そして、この集中戦略も、「より安く」商品の提供を行うものと、「より良い」商品を提供するものに分けられます。

ここで整理をすると、コスト優位戦略と差別化戦略はそれぞれ全市場が対象となりますが、集中戦略はある特定の市場が対象となることがわかります。つまり、コスト優位戦略

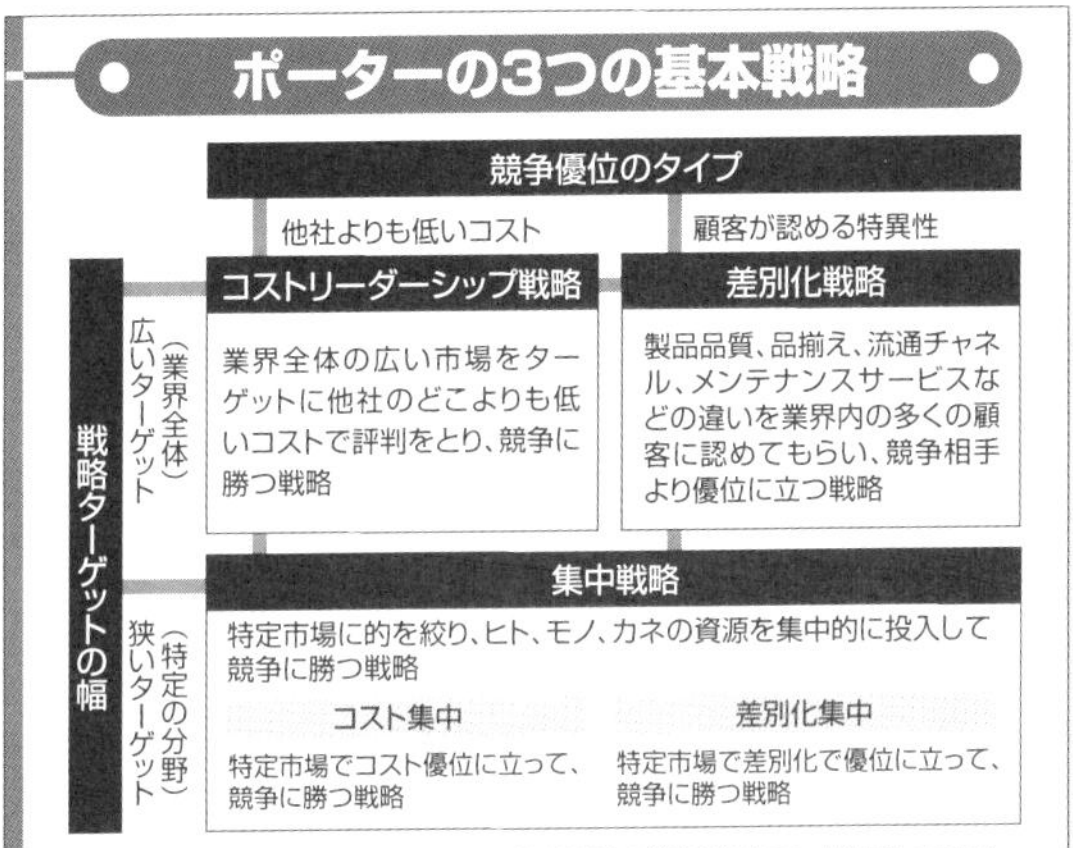
ポーターの3つの基本戦略
競争優位のタイプ
他社よりも低いコスト
顧客が認める特異性
戦略ターゲットの幅
広いターゲット（業界全体）
狭いターゲット（特定の分野）
コストリーダーシップ戦略
業界全体の広い市場をターゲットに他社のどこよりも低いコストで評判をとり、競争に勝つ戦略
差別化戦略
製品品質、品揃え、流通チャネル、メンテナンスサービスなどの違いを業界内の多くの顧客に認めてもらい、競争相手より優位に立つ戦略
集中戦略
特定市場に的を絞り、ヒト、モノ、カネの資源を集中的に投入して競争に勝つ戦略
コスト集中
特定市場でコスト優位に立って、競争に勝つ戦略
差別化集中
特定市場で差別化で優位に立って、競争に勝つ戦略
出所）M.E.ポーター著／土岐坤他訳『新訂 競争の戦略』ダイヤモンド社に基づき作成
（グロービス著『MBAマネジメント・ブック』ダイヤモンド社）

は全市場でコスト優位を提供する戦略、差別化戦略は全市場で差別化された商品を提供する戦略、集中戦略はある特定の市場でコスト優位あるいは差別化を集中して行う戦略、というわけです。

そして、前述の全市場をカバーするセグメントの選択は、さらにコスト優位と差別化戦略のいずれかに基づいて行われるべきです。しかし、大資本を持たないほとんどの店舗にとっては、コスト優位戦略や差別化戦略という選択肢ではなく、集中戦略によってある特定の市場（セグメント）にしっかりと絞り込み、その中でコスト優位もしくは差別化を考える戦略をベースに検討すべきであるといえます。

3-9 店舗戦略策定プロセス⑦ ～ポジショニング〈その1〉～

セグメンテーションによって、市場を同質ないくつかのグループ（セグメント）に分割しました。そしてターゲティングによって、それぞれのセグメントを規模、成長性、収益性、自店の資源充足状況などの観点から評価し、標的とするべきセグメントを選択しました。次は、いよいよその狙いを定めた市場において自店がどのように競争上の優位性を構築し、収益を上げ続けていくかという**ポジショニング**の段階に入ります。

では、まず原点に戻ってください。出発点は顧客です。顧客は通常、自分の受け取る価値を最大にしてくれる売り手から商品を購入します。顧客の受け取る価値を算式で表すと「総顧客価値（会計的には売上）－コスト（会計的には費用）」のようになります。

同一セグメントに競合がいる場合に顧客の受け取る価値を向上させるには、「商品・サービスの差別化を図って総顧客価値という顧客の便益を向上させる」か「価格を切り下げて顧客の支払うコストを下げる」かのどちらかの方法をとることが必要になります。

競争優位

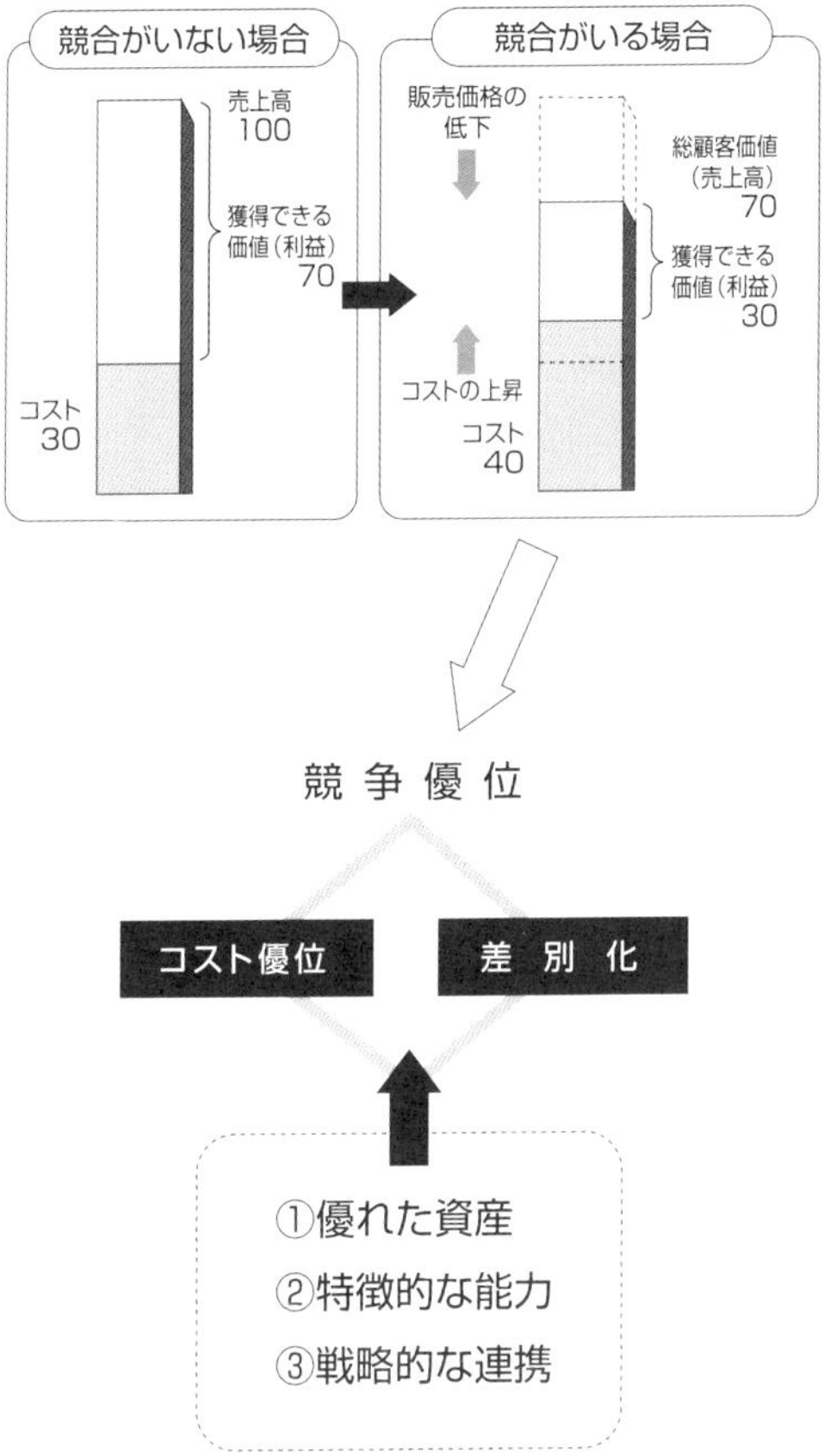
競合がいない場合
売上高
100
獲得できる
価値（利益）
70
コスト
30
競合がいる場合
販売価格の
低下
総顧客価値
（売上高）
70
獲得できる
価値（利益）
30
コストの上昇
コスト
40
競争優位
コスト優位
差別化
①優れた資産
②特徴的な能力
③戦略的な連携

前述のポーターの三つの基本戦略であるコスト優位（コストリーダーシップ）戦略、差別化戦略、集中戦略のどれを採用してもコスト優位か差別化を実現する必要があります。自店で商品・サービスを購買してもらうには、**コスト優位**あるいはセグメント内での競合との**差別化**が必要となるのです。

では、顧客が受け取る価値を向上させるために必要な切り口であるこの両者についてそれぞれ見ていきましょう。

まず**コスト優位**ですが、これを実現するにあたっては注意が必要です。それは、「単に低価格にすることではない」ということです。価格は表面的なものに過ぎず、いくら安くてもコストが高いままでは自店の利益を圧迫して、競争で生き残ることはできません。

つまり、やみくもなコスト優位戦略は必ず失敗するということです。

コスト優位戦略により短期的には儲かるかもしれませんが、長期的には自店の破滅を招く恐れがあるのです。前述のとおり、とくに低コスト体制を整える能力がない中小店舗が安く製品を提供する低価格路線をとるのは自滅行為といえます。

低価格路線をとるためには条件があります。それは企業規模が大きいこと、それも、そのセグメント内では誰にも負けないくらいの規模であることです。なぜなら、スケールメ

低価格路線を採用できる条件

- 店舗の規模が大きく、規模の経済性が発揮できること
- どの競合よりも低コストで製品・サービスが提供できること（その市場でコストリーダーシップがとれること）
- 単なる低コストの追求だけでなく、製品やサービスの水準も高いこと（安かろう悪かろうではなく、コストパフォーマンスがよい）

リットを活かした大量仕入による仕入原価の低減や物流コストの削減などを行って、他店が追随できないローコストオペレーションを実現する必要があるからです。

また、低価格路線をとる前に、価格を下げることでどの程度購買につながるかという「価格弾力性の大小」を、既存の製品や代替品の調査によって精査をする必要があることも忘れてはなりません。

なお、価格弾力性とは販売価格を上げたり下げたりすることによって売上高が増減する割合のことをいいます。一般的には、生活必需品などは価格弾力性が低く、カバンなどの商品の明確な違いを比較して購買する買回品は価格弾力性が高いといえます。

3-10 店舗戦略策定プロセス⑧ ～ポジショニング〈その2〉～

では、もう一つの方法である**差別化**により顧客総価値を高める方法を具体的に考えていきましょう。

コトラーは、顧客総価値を高める方法を大きく次の四つに分類しています。

①商品の差別化
②サービスの差別化
③従業員の差別化
④イメージの差別化

以下、差別化の具体的な視点について詳しく説明していきます。

ここでは自店にとってとり得る差別化の視点は何か、それらによって最も大きな優位性を構築できる差別化は何か、その差別化のために必要となるコストはどの程度かなど、最終的にこれらの分析でどのような目的を達成したいのかということを常に意識しながら読み進めてください。

①商品の差別化

・**品揃えの幅の広さ**…取り扱う商品ラインの数。家電小売店なら、ＡＶ製品、白物家電（冷蔵庫や洗濯機など）、マルチメディア製品など、どれだけの商品群があるか

・**品揃えの長さ**…取り扱う商品の全アイテム数。白物家電であれば、冷蔵庫、洗濯機、布団乾燥機、掃除機、アイロンなどの数がどれだけあるか

・**品揃えの深さ**…各製品ごとの種類数。たとえばテレビであれば一五インチや三五インチ、六〇型プラズマ、液晶テレビなどの種類のことをいう

・**商品・サービスの品質**…取り扱う商品の品質。商品の材質、成分、耐久性、信頼性、品質・性能のばらつき具合、修理のしやすさ、スタイル、デザインなどの切り口で考えていく

品揃えの幅・長さ・深さといった商品の量的側面については、やみくもに多ければよいというわけではありません。全市場に対して無差別マーケティングを展開する場合は別ですが、ターゲットとするセグメントのニーズにいかにフィットした品揃えをするかが、顧客にアピールできるポイントとなります。

②サービスの差別化

商品を提供する際のサービス提供で差別化を検討します。これについて、コトラーは次のような切り口を挙げています。

・**デリバリー**…迅速さ、日時の正確さなど

・**設置**…家電店のエアコンやパソコン設置など。いかに他店より高いレベルで行うかという点を考えねばならない

・**顧客訓練**…機器の使用法の教育、フランチャイズ本部が行う加盟店教育など

・**コンサルティング・サービス**…顧客カウンセリングやデータの情報提供、助言サービスなど

・**修理**…修理技術レベル、無償修理期間、修理サービス網、コールセンターの設置度合いなど

・**その他**…顧客が商品を購入して使用している間に付加される上記以外のあらゆるサービス

③従業員の差別化

・**知識**…商品知識など

差別化の方法

①商品の差別化
- 品揃えの幅の広さ
- 品揃えの長さ
- 品揃えの深さ
- 商品・サービスの品質

②サービスの差別化
- デリバリー
- 設置
- 顧客訓練
- コンサルティング・サービス
- 修理
- その他

③従業員の差別化
- 知識
- スキル

④イメージの差別化
- シンボル
- 活字メディアや AVメディア
- 建物や建物空間
- イベント

フィリップ・コトラー著『マーケティング・マネジメント（第7版）』（プレジデント社）を基に作成

・**スキル**…丁寧さ、信頼感・安心感、反応の素早さ、コミュニケーション力など。サービス業などでは接客要員の容姿も重要な要素となることがある

④イメージの差別化

本質的な部分ではありませんが、非常に大切なものです。次のような切り口で差別化を考えていくとよいでしょう。

・**シンボル**…商標、キャラクター、起用有名人、色、音声、音楽など

・**活字メディアやAVメディア**…チラシなどの広告作品、封筒・名刺など

・**建物や建物空間**

・**イベント**…地域振興などのスポンサーになるなど

3-11 店舗戦略策定プロセス⑨ ～ポジショニング〈その3〉～

では、いよいよ店舗戦略策定プロセスの最終段階に入っていきましょう。ここでは標的としたセグメントの中で自店はどのようなポジションをとるべきか、つまり自店のどの「違い」を顧客にアピールするかを決定していきます。

必ず考慮しなければならないのは、次の三点です。

①顧客のニーズに適合していること（顧客分析）
②競合店との差別化を明確にすること（競合分析）
③自店の強みを活かし、保有する資源と能力に合致していること（自店分析）

この三点すべての分析結果からポジショニングを抽出していきます。

第1章・第2章では、環境分析を網羅的に行うために外部環境（競合、顧客など）と内部環境（自店の経営資源など）について詳しく述べましたが、そこで得られたインパクトの大きいキーとなる情報を選択し、ここでのポジショニングに活用していくのです。

まずは自社のポジショニングを明確に行うために、ポジショニングマップを作成します。ポジショニングマップは、市場での「違い」を決定する主要な要因を二つ設定し、それらを縦軸と横軸にとります。そして店舗の特徴をその中にプロットしていきます。

簡単な例を挙げてみましょう。

たとえば、「化粧品小売業で二〇代の独身女性がターゲット」というセグメントでのポジショニングを考えてみましょう。縦軸に品揃え（総合化・専門化）、横軸に価格（高価格・低価格）という軸を設定すると、次の四つの事象ができ上がります。

・総合化・高価格
・総合化・低価格
・専門化・高価格
・専門化・低価格

そして自店のポジションをプロットする際は、次のような視点から見て、どのポジションが実行可能なのかということを考えます。

・自店商圏内における二〇代の独身女性のニーズはどのようなものか（顧客：Customerの視点）

・競合他店はどのようなポジションにいるか、またどのような強みを持つか（競合：Competitorの視点）
・自店の商品調達能力や従業員のコンサルティングサービス能力（自店：Companyの視点）
たとえば、次のような三つのキーファクターが環境分析により明確になっているとしましょう。
［顧客］二〇代の独身女性のニーズとしては、都会的ファッションリーダーを目指し、おしゃれに関しては食費を削ってまでもこだわる志向がある
［競合］自店にとって最も脅威である競合店Aは、大規模なチェーン店のうちの一店である。大量仕入による一括仕入により仕入コストを抑え、低価格によって売上を伸ばしている
［自店］規模は大きくなく、競合店Aに低価格戦略で対抗することはできない。店舗はターミナル駅前のスクランブル交差点に立地し、集客力はある。また創業から一五年、一貫して化粧品のカウンセリングに関して強みを持ち、店頭でサービスを提供している
以上のキーファクターから導かれるのは、果たしてどのようなポジションでしょうか？
答えは、「専門化・高価格」というポジションです。

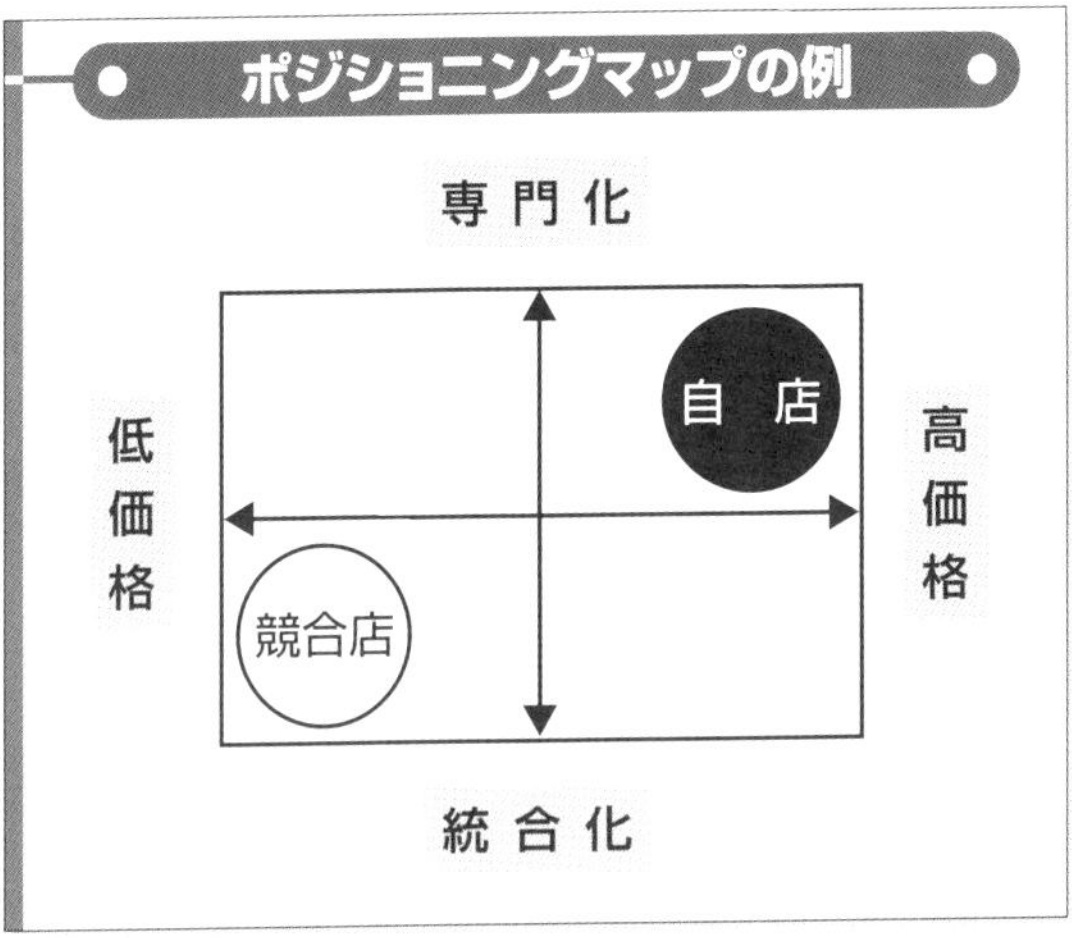

　ここではあえて非常に簡単な例について考えましたが、実際の複雑なケースでもポイントは同じです。

　もちろん、実際にはもっと緻密な分析が必要になります。たとえば、図のようなポジショニングマップにおいていくつかの軸を設定し、複数作成することは最低限必要でしょう。そして、その中からいくつの「違い」をプロモートするのか、またどの「違い」をプロモートするのかを考えていくことになります。代表的な例としては、品質・アフターサービス、価格、迅速性、カスタマイズ化、利便性などの各種の違いがありますが、この「違い」を競合と比較して、差別化をアピールすることができます。

COLUMN

店舗戦略立案の事例①

店舗戦略の立案とは、前述のとおり競合環境・顧客環境・自店（内部）環境を加味して、自店のターゲットとする顧客層（WHO）を選択し、その顧客層のニーズ（WHAT）をどのような自店の差別的特徴で満たすのか（HOW）を決定することです。

たとえば、次のような条件のスーパーマーケットにおける店舗戦略立案のケースがあるとしましょう。

もちろん実際の店舗戦略の立案はこれほど単純ではありませんが、環境分析から戦略を導き出すロジックをわかりやすく示すために、あえて単純な構造にしています。そのため、「このような競合環境、顧客環境、自店（内部）環境だからこのような店舗戦略になる」というロジック（論理）を意識して読み進めることが大切です。

【顧客環境】

①自店商圏内の人口…六五歳以上の高齢者が四〇％を占めている。高齢者は貯蓄額が多く、購買意欲もあるうえ、アクティブに充実した生活を送ることを望んでおり、買い物を楽し

みたいと思っている

②商圏内の人口の構成…一五歳未満＝七・五％、一五～二九歳＝一三・五％、三〇～四四歳＝一七・〇％、四五～六四歳＝二二・〇％、六五歳以上＝四〇・〇％

③商圏内の六五歳以上の高齢者で自動車を運転できるのは全体の五〇％

④商圏であるA市は新宿から急行で三〇分圏内に位置しており、都心のベッドタウンとなっている

⑤共働き世帯が全体の二〇％と多く、多くは都心に勤めており帰宅時間が遅い

【競合環境】

①大規模スーパーマーケットがロードサイドに二店舗あり、「エブリデー・ロープライス」をスローガンに低価格戦略を繰り広げ、商圏内のすべての顧客層を多数集客している。また駐車場も大規模で自動車の来店客は利用しやすい

②商圏内の中堅スーパーBは惣菜を充実させ、有職主婦層の夕飯を考える手間とつくる手間を省くミール・ソリューションを展開

③商圏内の中堅スーパーCは駅前に立地している優位性を活かし、営業時間を深夜一二時ま

で延長して、都心で働く主婦層の集客を伸ばしている

【自店（内部）環境】

①専属の栄養士（社員）が三名いる
②規模は中堅規模であり、増床するほどの財力はない
③店舗面積は二〇〇㎡で品揃えに限界がある
④自店にオリジナル性がないため、大規模スーパーマーケットの価格帯に追随せざるを得ず、売上高の減少、粗利益の低下を招いている

まず、セグメンテーション（市場を分けること）を行いましょう。

自店の属する商圏の顧客層を人口統計で分類すると、一五歳未満、一五〜二九歳、三〇〜四四歳、四五〜六四歳、六五歳以上というセグメントに分割できます。さらに職業（有・無）や働く場所（地元・都心）などで分類できます。

この中で自店にとって規模的に魅力があるのは、「都心で働く共働きの有職主婦」、「六五歳以上の高齢者」となります。

次に、そのように分類したセグメントの中から自店が狙うべきセグメントを特定（ターゲティング）していきます。

自店分析より、規模的に中規模で増床する資金力がないため、大規模スーパーのように商圏内のすべての顧客層をターゲットとする選択肢はなくなります。

よって大規模スーパーや中堅スーパーと商圏内で上手く棲み分けることを考え、競争を回避して業績を伸ばすことを念頭に置きます。そこで、セグメンテーションの段階であたりをつけていた規模的に魅力がある「都心で働く共働きの有職主婦」「六五歳以上の高齢者」を検討しましょう。

また、競合分析より、中堅スーパーBが惣菜を充実させて有職主婦層の夕飯を考える手間とつくる手間を省くミール・ソリューションを展開、中堅スーパーC社が駅前立地を活かして営業時間を深夜一二時まで延長して、都心で働く主婦層の集客を伸ばしていることがわかっています。

そこで、「都心で働く共働きの有職主婦」層をターゲットとするのは非常に困難であることも認識する必要があります。

COLUMN

店舗戦略立案の事例②

セグメンテーションにより、自店の属する商圏内の顧客層で自店にとって規模的に魅力があるのは、「都心で働く共働きの有職主婦」および「六五歳以上の高齢者」だということがわかりました。

さらにターゲティングにより、「都心で働く共働きの有職主婦」層をターゲットとするのは非常に困難であることがわかりました。

一方、「六五歳以上の高齢者」はどの競合もメインのターゲットにはしていません。つまり、自店にとって有望な層だということです。

また顧客分析より、六五歳以上の高齢者で自動車を運転できるのは全体の五〇%しかいないことがわかっています。さらに、競合分析で大規模スーパー二店舗はロードサイド型立地で自動車での来店を重視しているため、運転ができない高齢者を取り込めていないことが把握できます。

よって、自店がメインターゲットとする顧客層は「六五歳以上の高齢者」で「自動車の運転ができない層」に絞ることができます。

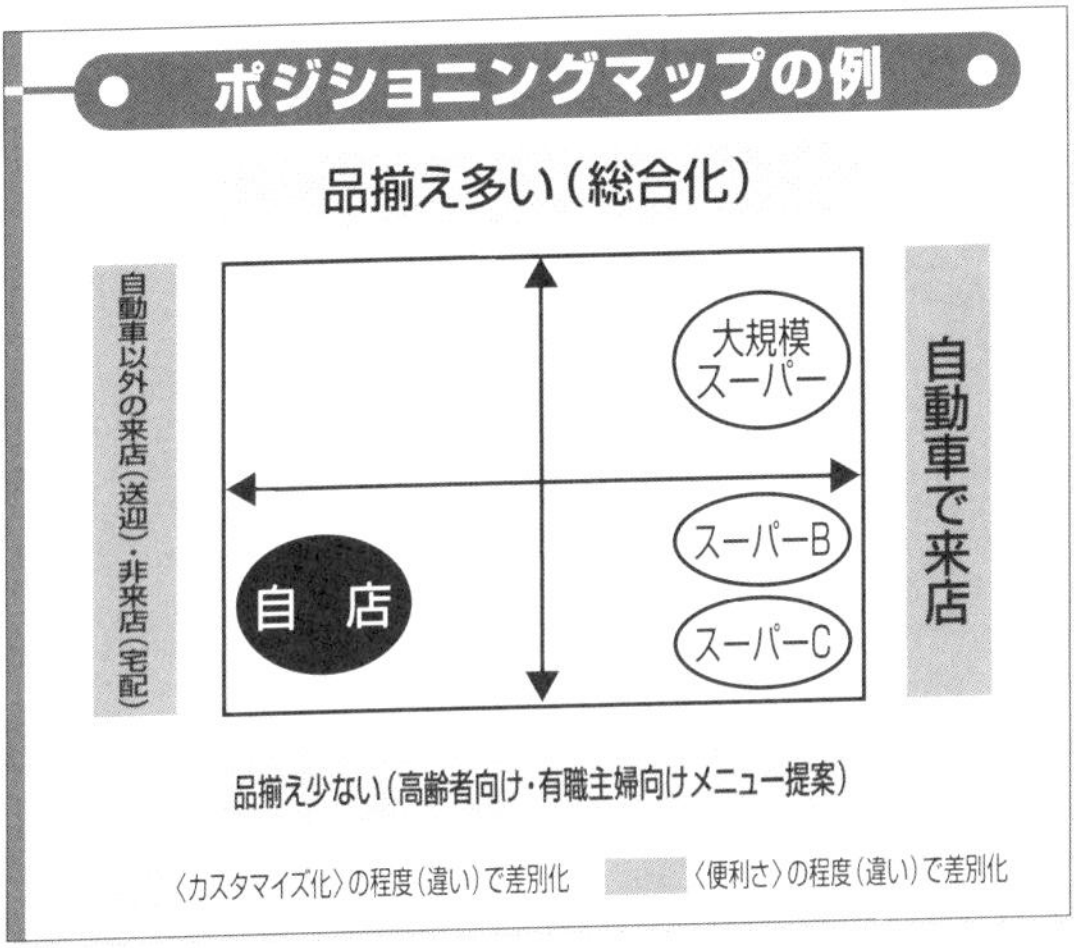

次は、いよいよポジショニングを考えます。これは前述のとおり、自社の差別的特徴を活かして、いかに競合店と差別化して顧客層に訴えるのかを考えるプロセスです。

まず「六五歳以上の高齢者」のニーズを見ると、買い物を楽しみたいと思っており、アクティブに充実した生活を送ることを望んでいることがわかります。また自店分析により、専属の栄養士が社員に三名いるという強みを持っていることがわかっています。

よって、差別的特徴として、たとえば低コレステロールかつ栄養価の高いレシピ提案・惣菜の提供で展開するという案を導き出すことができます。また、店舗面積も二〇〇㎡で品揃えに限界があるという弱みを克服するため、自動車の運転ができない高齢者のニーズを満たすために、店舗への送迎サービスや自宅への食材・惣菜の無料宅配サービスを展開するなどの案を導き出すことができます。ポジショニングマップの一例を示すと163ページの図のようになります。

このように、環境分析から論理的に店舗戦略を立案していきます。店舗戦略をまとめると次のようになります。

環境分析		顧客分析、競合分析、自店(内部)分析
↓ よって		
店舗戦略	顧客層	65歳以上の高齢者で自動車が運転できない層
	顧客層のニーズ	買い物を楽しみたいと思っており、アクティブに充実した生活を送ることを望んでいる
	差別化できる特徴	・低コレステロールかつ栄養価の高いレシピ提案 ・惣菜の提供店舗への送迎サービスの展開 ・自宅への食材・惣菜の無料宅配サービスの展開

店舗戦略策定のプロセス

店舗戦略の策定
⇓
店舗コンセプトの決定

1. 誰の（WHO）
2. どのようなニーズを（WHAT）
→ ・セグメンテーション ・ターゲティング

3. どのような特徴で（HOW） → ・ポジショニング

満たすのかを決める

基準は？

決定にあたってのチェックポイント

- □商圏の規模は十分か
- □成長性は高いか
- □収益性は高いか
- □必要なスキルと資源が自店にあるか
- □自店の長期的目標と合致しているか

決定

①顧客層
②顧客層のニーズ
③差別化できる特徴

具体的な施策（戦術）の検討へ（第4章）

第4章

戦術の策定（マーケティングミックスの策定）

- 1. 商品ミックス
  - 1. 商品ライン
  - 2. 商品アイテム
- 2. 仕入計画
  - 1. 仕入先の選定
    - 1. 商品面
    - 2. 販売支援面
    - 3. 仕入先企業の内面
  - 2. 仕入方法の検討
    - 1. 1回の仕入の数量
    - 2. 商品の所有権移転の有無
    - 3. 仕入条件
- 3. 在庫管理

- 1. 店外プロモーション
- 2. 店内プロモーション
- 3. 顧客維持型プロモーション
  - 1. ターゲットの確認
  - 2. エリアの選定
  - 3. タイミング
  - 4. メッセージのデザイン
  - 5. 総予算決定
  - 6. 媒体の選択
  - 7. 頻度の決定
  - 8. 効果とフィードバック

- 1. 訴求機能
  - 1. 外装
  - 2. 看板
  - 3. 店頭関地
- 2. 誘導機能
  - 1. 駐車場
  - 2. 店内見通し
- 3. 巡回機能
  - 1. 動線
  - 2. 奥への誘導
  - 3. レイアウトパターン
  - 4. 出入口と通路
- 4. 展示・選択機能
  - 陳列（量感・展示・変化陳列）
- 5. 購買機能
  - 1. レジ・包装台の配置
  - 2. コミュニティスペースの設置
  - 3. 販売形態

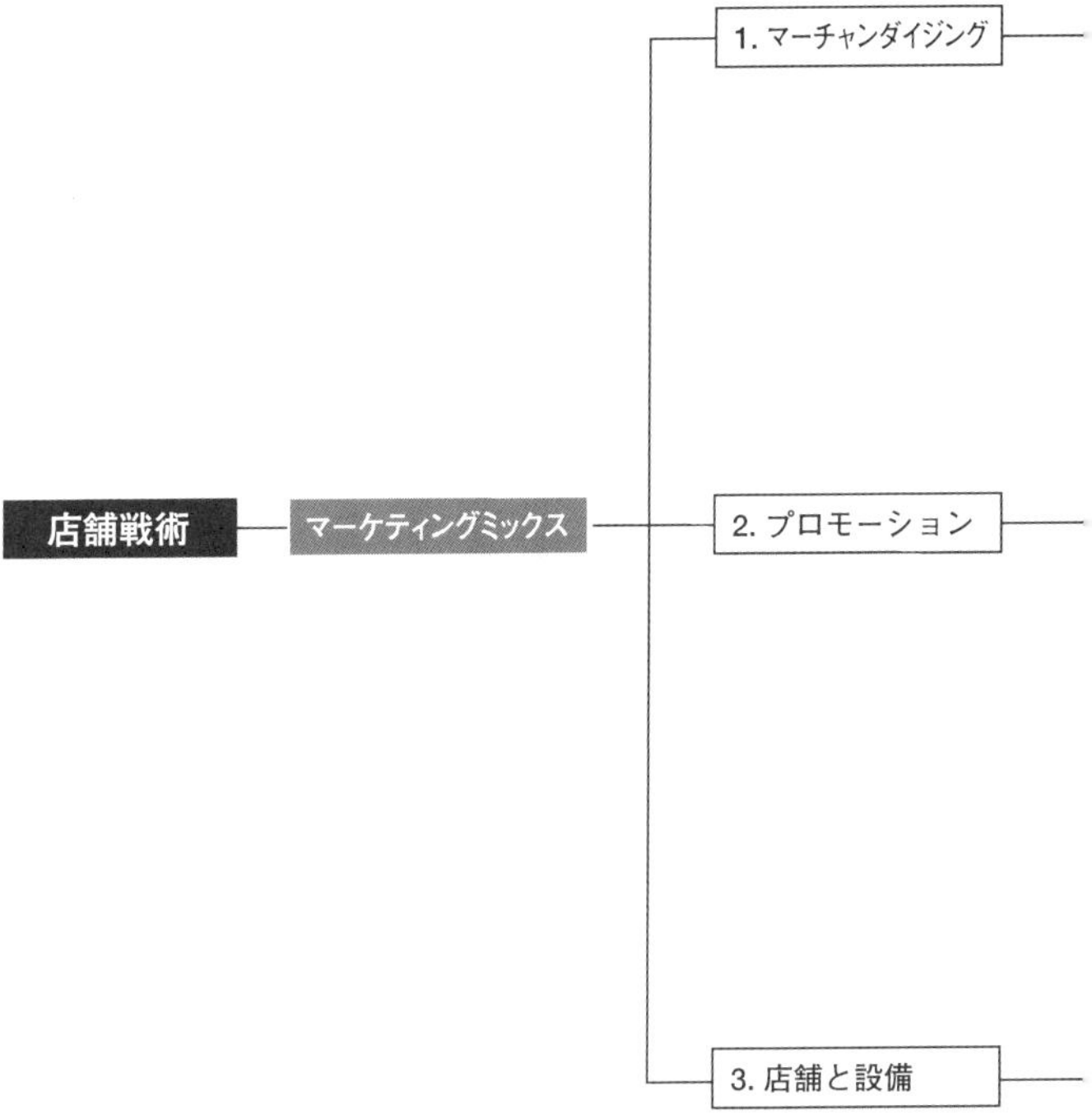
店舗戦術
マーケティングミックス
1. マーチャンダイジング
2. プロモーション
3. 店舗と設備

4-1 店舗戦略に基づいたマーケティングミックスとは

第3章においては、店舗の基本的方向づけである店舗戦略（店舗コンセプト）について述べました。本章では、その策定された店舗戦略に基づき、具体的な店舗戦術といえる最適なマーケティングミックスの策定について考えていきましょう。

マーケティングミックスとは、マーケティング戦略を実際に展開するうえで必要となる各種要因をモレなく組み合わせ、具体的に考えていくために必要な構成のことをいいます。そして、その構成するものとして含まれるのが、Pで始まる四つの領域、すなわち**製品（Product）**、**価格（Price）**、**プロモーション（Promotion）**、**チャネル（Place）**です。この四つ（4P）をいかに適切に組み合わせるか、ということを考えるのがマーケティングミックスです。

詳しい説明に入る前に、ここで改めて第3章と本章の関係についての確認をしましょう。これまでも、第3章の店舗コンセプトの策定と本章で扱うマーケティングミックスの策定は、大きく「戦略」と「戦術」の関係であると説明してきました。どちらも一貫性を持って店舗コンセプトとマーケティング要因の組み合わせを考えるという意味でいえば「広義の戦略」といえますが、本書では「店舗コンセプトの策定ありき」という意味で、それに基づくマーケティングミックスの策定を店舗コンセプトと対比させ、あえて「戦術」と定義しています。

もちろん戦術といっても、４Ｐをバラバラに場当たり的な施策案として設計・実行するのではなく、店舗コンセプトという戦略に基づいた「各要因の程度と組み合わせのバランス」の枠組みの中で考える必要があります。さらに、たとえ店舗コンセプトに合致していようとも、限られた資源の中では、とり得るマーケティングミックスの中で各種施策とその程度を取捨選択し、優先順位を決めていく必要があることに気をつけねばなりません。

なお、小売店舗の場合は、これら四つの視点からなるマーケティングミックスを次の三つに集約して捉えることができます。

①マーチャンダイジング（品揃え）
②プロモーション
③店舗と設備

マーチャンダイジングは、商品のラインナップから仕入、在庫管理、価格政策を含むため、前述の4PでいうProduct（製品）、Price（価格）に該当します。

プロモーションは、4PにおけるPromotion（プロモーション）と同じですが、小売店舗においては、チラシや交通広告などの店外プロモーションと、POP広告などの店内プロモーションに分類されます。

店舗と設備は、4PでいうとPlace（チャネル）に該当します。要するに売る場所のことであり、具体的には店舗と店舗の外装・看板・構造やスロープ、防火施設などの店舗に付随している施設のことを指します。

これからマーチャンダイジング（品揃え）、プロモーション、店舗と設備のそれぞれについて具体的に見ていきますが、重要なのは、策定した店舗戦略、つまり店舗コンセプトと一貫性のある具体的施策を構築することです。従来行っていたように、何もしないよりは売上が上がるから、といった曖昧な理由で朝市を実施したり、セールをしたり、まとめ買いをさせたりするなどということでは、本質的な問題解決はなされません。

時間や費用といった、自店の限られた資源の中で戦略に基づいた最善の戦術をとるためには、複数のとり得る戦術的な施策を評価し、最も大きな効果を生むことができる施策を

店舗戦略に基づいた店舗戦略

［汎用的なマーケティングミックスとしての4P］
・Product（製品）
・Price（価格）
・Promotion（プロモーション）
・Place（チャネル）

↓ これを小売店舗に置き換えると

・マーチャンダイジング（品揃え）…Product（製品）とPrice（価格）に該当
・プロモーション…Promotion（プロモーション）に該当
・店舗と設備…Place（チャネル）に該当
※それぞれ店舗戦略との一貫性、各マーケティングミックス要素同士の一貫性が必要

選択して、実行する意思決定を行う必要があることを忘れてはならないのです。

つまり、目標とするターゲットのニーズを、自店の強みを活かして最も効果的に満たすことができるよう、マーケティングミックスを組み立てていく必要があるのです。それでこそ、顧客に自店の特徴をアピールすることができるといえます。

次項からは、環境分析の項で見てきた競合や自店の状況と顧客（市場）のニーズから得られた前提部分と、その前提から導き出された自店の基本的な店舗コンセプト（戦略）に基づいて、戦術部分である具体的なマーケティングミックスの各要素について細かく見ていきます。

4-2 マーチャンダイジング①　～商品ミックス～

小売店舗におけるマーチャンダイジング、プロモーション、店舗と設備という三つのマーケティングミックス要素のうち、まずはマーチャンダイジングについて述べましょう。マーチャンダイジングでは、店舗コンセプトで大まかに定義した商品・サービス政策をさらに詳細に決定します。商品・サービスの詳細ですから、マーケティングミックスで最も重要な箇所となります。

第1章と第2章の競合分析と自店分析の部分で述べたとおり、実際にこのマーチャンダイジングに関しては、観察法や試買調査などにより把握します。具体的なチェック項目としては、商品ミックス、仕入計画、在庫管理の三つを挙げることができます。

では、それぞれについて詳しく見ていきましょう。

【商品ミックス】

ターゲットとした顧客層のニーズを満たし、自店のポジションを具現化するために不可欠な要素で、標的顧客に適合する適正な品揃えを実現することです。商品ミックスを実現するには、①商品ライン、②商品アイテムを詳細に検討します。

①商品ライン（系列）＝品揃えの幅の広さ

取り扱う商品ラインの数を指します。たとえば家電小売店なら、AV製品、白物家電（冷蔵庫や洗濯機など）、マルチメディア製品など、どれだけの商品群があるかということです。これは店舗戦略の立案によりある程度方向性が決まっており、商品構成を専門化するか総合化するかによって中心軸が変わってきます。

当然のことですが、自店の商圏範囲が広い場合と狭い場合とでは商品構成を変えなければなりません。一般的に商圏範囲が狭い店舗では、その地域内でより多くの顧客を確保しなければ利益を上げるだけの十分な売上を獲得することはできなくなります。そのためには、自店が狙うべき顧客層を広げなければなりません。よって、商品構成は総合化にならざるを得なくなり、食料品や日用品など、習慣的な購買が中心で来店頻度の高い最寄品の品揃えが多くなります。

一方、商圏範囲の広い店舗では顧客の絞り込みが可能です。商品構成もそれに合わせて専門化が可能となり、衣類やカバン、書籍、音楽ＣＤなど、商品の明確な違いを比較して購買する買回品や、自動車や家具、電化製品など、ブランドで指名買いするような専門品などの品揃えが可能となります。

市場の隙間を狙って自店をポジショニングする場合もあるため一概にはいえませんが、原理としてこの商圏範囲と品揃えの関係は常に把握しておく必要があります。

②商品アイテム

商品アイテムに関しても、長さ・深さといった視点で商品・サービスラインナップを考えることが重要となります。

(i)品揃えの長さ…取り扱う商品の全アイテム数。たとえば白物家電であれば、冷蔵庫や洗濯機、布団乾燥機、掃除機、アイロンなどの数がどれだけあるかということ

(ii)品揃えの深さ…各製品ごとの種類数。たとえばテレビであれば一五インチ、三五インチ、六〇型プラズマテレビ、液晶テレビなどの種類のことをいう。メーカー(ブランド)、機能(コードレス、ポータブル、旅行用、業務用など)、サイズ、色、素材、デザインなどの分類基準で細分化が可能。

顧客満足は、どのラインをどの程度のアイテムで満たすかにかかっています。何より重要なのは、店舗戦略で立案した方向づけとの一貫性を保つことです。たとえば

●マーチャンダイジングで検討すべき事項●

チェックポイント		
商品ミックス	商品ライン（系列）＝品揃えの幅の広さ	
	商品アイテム	品揃えの長さ（取り扱う商品の全アイテム数）
		品揃えの深さ（各製品ごとの種類数）
仕入計画	仕入先の選定	
	仕入方法の検討	
在庫管理	在庫不足を防止し、機会損失を減少	
	商品回転率を維持して在庫投資効率を向上	

高級食材を取り扱う専門店で、生鮮品の抜群の鮮度を競合店との差別化要因として定義づけたのであれば、それを損なうような商品は絶対に置くべきではありません。鮮度管理を徹底しなければ、大切な顧客を今後永久に逃してしまうことになるのです。

また自店のポジショニングを具現化するには、当然競合店よりも品揃えにおいて上回ることが重要です。安売りをポジショニングの軸で選択した店舗は競合店よりも安く、品揃えの総合化を軸とした店舗は競合店よりもフルラインの品揃えを、高品質を軸とした店舗は他店よりも高品質でなければなりません。

それに連動して、各アイテムの価格帯も競合店を参考にして決定していきます。

4-3 マーチャンダイジング②　～仕入計画、在庫管理～

【仕入計画】

顧客が求める商品・サービスを適正な時期に適正な数量提供するためには、「仕入→在庫→販売」という商品サイクルを総合的に考えなければなりません。顧客ニーズを満たす商品構成実現のためには、的確な仕入を実施する必要があるのです。

仕入計画においては①仕入先の選定、②仕入方法の検討について考える必要があります。

①仕入先の選定

まずは、自店にとって望ましい仕入先を選定します。第3章で立案した店舗コンセプト（戦略）に基づいて以下の基準を相対的に評価し、決定します。評価はそれぞれの基準について優先順位をつけて、最終的な仕入先の選定を行うことができます。

(i)商品面

・取扱商品の品質・安全性はどうか…自店の狙う顧客層のニーズに合致する商品（品質、

ブランド、機能、デザイン、サイズ、包装など）かどうか
・関連商品はどの程度充実しているか
・安定供給は可能か
・流行の取り込みが早急にできているか
・価格帯は自店の狙う顧客層のニーズに合致するか

(ii)販売支援面

・サンプル提供、販促補助など販売支援の充足状況
・支払条件、割引などが他の業者と比較して妥当か
・仕入先のチャネル政策により自店の販売に影響が出ないか

(iii)仕入先企業の内面

・配送、保管、納品の方法に不備はないか
・財務的に安全か
・業界における評判はどうか

②仕入方法の検討

(i)一回の仕入の数量…場合により使い分ける必要がある

・大量に仕入れる場合…数量割引などが受けられたり、発注費を抑制できたり、品切れによる機会損失を回避できるなどのメリットがある。その一方で、保管費用がかかる、商品回転率が低下する、需要変化に対応しづらくなるなどのデメリットもある
・少量仕入れる場合…大量仕入のメリット、デメリットが逆になる

(ii)商品の所有権の移転があるかないか…買取仕入か委託仕入かを考える。買取仕入が一般的だが、リスクを回避するには、仕入先との間に委託販売契約を結んで手数料を受け取る委託仕入が有効。当然、売れ残りのリスクが回避できるため利益率は低くなる

(iii)仕入条件の検討
・価格条件…数量割引、業者割引、季節割引、現金割引、促進割引、リベートの検討
・支払条件…現金仕入、手形仕入、締め日、決済日の検討
・納品・返品条件…輸送手段、運賃負担、梱包状態、納品場所・日時・頻度の検討

【在庫管理】

「仕入‐在庫‐販売」という商品サイクルを円滑に回すために、在庫管理は重要です。在庫の過不足を防止して機会損失をなくし、かつ商品回転率を維持して在庫投資効率を向上させる目的で行います。

仕入計画におけるチェック事項

チェックポイント		
仕入先の選定	商品面	取扱商品の品質・安全性
		関連商品の充実度
		安定供給の可能性
		流行の取り込み具合
		価格帯が自店の狙う顧客層のニーズに合致するか
	販売支援面	サンプル提供・販促補助など販売支援の充足状況
		支払条件・割引などの妥当性
		仕入先のチャネル政策による自店の販売への影響度
	仕入先企業の内面	配送・保管・納品方法の不備の有無
		財務的な安全度
		業界における評判
仕入方法の検討	1回の仕入数量	
	商品の所有権移転の有無	
	仕入条件の検討	価格条件
		支払条件
		納品・返品条件

金額による把握と数量・単位による把握の二つの方法がありますが、両方とも必要です。まず金額による把握では、会計システムと連動するため数値により在庫投資効率を見ることができる、全商品の動向を把握できるなどのメリットがあります。一方、数量・単位による把握では個々の商品ごとの動向が把握できるため、販売状況と個々の在庫の過不足状況が把握できるというメリットがあります。

ＰＯＳシステムの活用などによりサプライチェーンマネジメントが進んでいるため、競合店に遅れをとらないような情報システムの導入が急務です。また、すでに導入している店舗は「販売・仕入・在庫」を一連のシステムとして効率化を推進する必要があります。

4-4 プロモーション① ～店外プロモーション～

マーケティングミックス要素の二つ目はプロモーションです。前述のマーチャンダイジングと同様に、店舗の基本的方向づけである店舗戦略に基づく形でプロモーションを考えていく必要があります。

プロモーションは、大きく**店外プロモーション**と**店内プロモーション**の二つに分けて考えることができます。では、店外プロモーションから見ていきましょう。

店外プロモーションは、来店してもらうためのプロモーションです。主なものには新聞折り込みチラシやダイレクトメール（DM）、テレビ・新聞・雑誌といったマスメディアなどを通じた広告があります。またウェブサイトでのクーポン発行や、イベントや特売情報を発信するという方法もあります。店外プロモーションは次の手順で考えていきます。

①ターゲットの確認

店舗戦略で選択した標的となる顧客層を確認します。その顧客層は既存顧客か潜在顧客かということも重要になります。

②エリアの選定

どの地域に対してプロモーションをかけるかという範囲を決定します。商圏分析によって明確になった自店に取り込むべき地域を基準に、チラシやＤＭ、ミニコミ誌への掲載などをそれぞれどのような範囲で行うかを決定します。

③タイミング

新聞折り込みチラシ、テレビ・新聞・雑誌などの広告のタイミングを考えます。

④メッセージのデザイン

ターゲットからどのような反応（来店、商品指名買いなど）を得たいかを確認して、メッセージの内容・構成・表現形態を決定します。

⑤プロモーション総予算決定

売上高の一定比率に予算を設定する方法、店舗の現状の利益やキャッシュフロー状況から支出可能額を設定する方法などにより、プロモーションの総予算を決定します。

⑥媒体の選択

新聞折り込みチラシ、新聞・雑誌・ミニコミ誌・屋上看板・ＦＡＸによる広告、ＤＭ、クーポン発行などについて、予算の範囲内での組み合わせを考えます。

⑦頻度の決定

競合店の広告頻度、顧客の来店日時を勘案して、週あるいは月に何回広告をすればよいかを決定します。

⑧効果とフィードバック

プロモーションを行う都度、必ず効果測定を行い、次回のプロモーション計画に役立てます。たとえば顧客アンケートで「何を見て来店されましたか?」という質問を入れるなどして、自店なりの効果測定を行うとよいでしょう。また競合店調査の際に、実際に競合店に来店した顧客に「何を見て来店したか」について聞くことも参考になるはずです。

プロモーションで重要なのは、地域特性や季節性を十分加味したプロモーションを行うことです。地域行事や季節を顧客に気づかせて、来店・購買を促進するのです。

たとえばスーパーマーケットなら、四月は入学、新学期、花見、新生活、地域のお祭り……といったことを考慮しなければなりません。さらに、次に挙げるように四月を週単位で見ていけば、顧客に対して何を訴求すればよいかということに気づくことができます。

［第一週］新生活スタート、花見

店外プロモーションのプロセス

①ターゲットの確認
店舗戦略で選択した標的となる顧客層を確認
②エリアの選定
どの地域に対してプロモーションをかけるかという範囲を決定
③タイミング
新聞折り込みチラシ、テレビ・新聞・雑誌などの広告のタイミング
④メッセージのデザイン
ターゲットからどのような反応（来店、商品指名買いなど）を得たいかを確認して、メッセージの内容・構成・表現形態を決定
⑤プロモーション総予算決定
売上高の一定比率に予算を設定する方法、店舗の現状の利益やキャッシュフロー状況から支出可能額を設定する方法などでプロモーションの総予算を決定
⑥媒体の選択
新聞折り込みチラシ・新聞・雑誌・ミニコミ誌・屋上看板・FAXによる広告、DM、クーポン発行などについて予算の範囲内での組み合わせの検討
⑦頻度の決定
競合店の広告頻度・顧客の来店日時を勘案して、週あるいは月に何回プロモーションすればよいかを決定
⑧効果とフィードバック
効果測定を実施し、次回のプロモーション計画に反映させる

〔第二週〕新しい交際で出費が増大、衣替え、遠足・祭りなどの学校行事や地域行事の情報収集

〔第三週〕花粉症、春の味覚（さわら、山菜、つくしなど）を使った料理

〔第四週〕ゴールデンウイークの旅行・行楽・買い物ニーズ、入浴回数の増加、初任給が出る

このように一年間を五二週として考え、週ごとのプロモーション計画を立てて実施していきます。競合店よりも緻密に行うためには、学校で配布されるプリントや町内掲示板・回覧板などを入手するルートも確保し、それらを定期的にチェックして、プロモーションに反映させることが重要になります。

4-5 プロモーション②　～店内プロモーション～

来店した顧客が実際に商品を見て、欲しくなるよう店内でアピールすることを**店内プロモーション**といいます。顧客に商品をアピールするには、店舗のレイアウトや陳列方法による方法があります。

店舗レイアウトや陳列方法、ＰＯＰによる訴求に関しては、マーケティングミックス要素の三つ目である「店舗と設備」の項において詳述するため、本項ではそれ以外の店内プロモーションについて説明します。

店内プロモーションは店外プロモーションとの連続性が要求されます。地域行事や季節性を重視したチラシなどの店外広告に連動して店内の売場づくりをする必要があります。

店内プロモーションには、①場面別プロモーション、②接客があります。それぞれについて詳しく見ていきましょう。

①場面別プロモーション

次のようなプロモーションを実施する場面を想定してプロモーションを行います。

（i）**催事・イベント**…敬老の日、父の日、母の日などの季節需要を狙ったり、駅弁祭りやアジアンフェア、北海道物産展などのイベントによるプロモーション。地域特性を取りこぼさないようアンテナを張っておくことが重要

（ii）**新製品拡売**…期間限定で、メーカープロモーション企画との連動販売が可能な場合や、自店の店舗コンセプトに合致した商品をＰＲする場合に行う。新たなニーズに対応し、新たな収益を獲得する

（iii）**試食・試飲・サンプル配布・実演販売**…実際に顧客に食べてもらったり、使ってもらったり、使用場面を見せたりすることにより、利便性や機能性、健康性などを訴求

（iv）**定番商品の販促**…自店の重点商品の売れ行きを安定させるための販促

（v）**時間販促**…来店顧客の多いピーク時間を狙い短時間で集中販売をする

（vi）**売り切り販促**…生鮮品や季節商品などにおいて不良在庫や仕損品（規格に合わない不合格品）になる恐れのある製品を時間・数量を限定した形で売り切り、ロスをなくして粗利益を向上させるためのプロモーション

（vii）**天候販促**…天候、湿度、気温などの変化と顧客ニーズの変化を関連づけて売場づく

りを行うプロモーション。たとえばアイスクリームなど、一定の気温になった場合に売れ始める商品群や、風邪がはやる季節になると必ず売れる商品群がある。これらを意識したプロモーションによって顧客の買上点数を増加させる。そのためには、あらかじめ季節ごとの天候、気温急変時に必要となる定番商品などを調べておき、売れ行き状況を測定しておく必要がある

②接客

顧客と直接に接する接客要員がだらしなくては、顧客は逃げていってしまいます。ただし、業種・業態・店舗コンセプトの違いにより接客にも違いがあります。たとえばホテルと美容院とではまったく違った接客が求められるのです。チェックすべき事項は次のとおりです。

(i)礼儀作法…「いらっしゃいませ」「ありがとうございました」など、当たり前のあいさつを常に全員が笑顔でかつ感情を込めてできているかというと、案外そうではない。顧客側から見れば、一人の店員がその店舗のイメージを決める要因になるため、スタッフ間でのバラツキをなくすよう毎日の訓練を行うことが必要

(ii)身だしなみ…化粧やアクセサリーを控えめにしたり、爪を短く切ったり、ネームプレー

●店内プロモーションにおけるチェック事項●

プロモーションの種類	チェックポイント
場面別プロモーション	催事・イベント
	新製品拡売
	試食・試飲・サンプル配布・実演販売
	定番商品の販促
	時間販促
	売り切り販促
	天候販促
接客	礼儀作法
	身だしなみ
	商品知識
	現場対応の柔軟性

トが全員決まった位置につけてあるなど身だしなみを徹底して行い、顧客から見える部分は隅々まで店舗コンセプトとの一貫性を保つ必要がある。身だしなみについて顧客は厳しいものであり、たとえ一カ所でも不備な点を見逃さず、それが店全体の評判を落とすことにもなりかねないからである

(iii) **商品知識**…商品・サービスの詳しい説明や取り扱い方法、メリットなどを接客要員全員が均質にできることが重要

(iv) **現場対応の柔軟性**…顧客の個別の要求に対する迅速な対応や個々の顧客へのコーディネート、コンサルティング提案など。日々ロールプレーイングを実施し、慣れておくことが必要

4-6 プロモーション③ ～顧客維持型プロモーション～

引き続き、プロモーションについて見ていきます。

収益を拡大させるには、「新規顧客の獲得」と「既存顧客の来店頻度や購入金額を増加させる」という二つの方法があります。

競合環境の激化により新規顧客を競合他社から奪ってくることがますます困難になってきている中、自社の既存顧客をコンスタントに維持するために資源を投入することの意義が見直されています。それに伴い、既存顧客の維持に努める顧客維持型のマーケティングへと、マーケティングのトレンドもシフトしつつあります。

ただ、気をつけなければならないのは、顧客維持型マーケティングの重要性が増していることと新規顧客の獲得をあきらめることは同義ではないということです。つまり、店舗全体の売上増のために新規顧客獲得による売上増へ向けた施策を実行しつつ、同時に既存顧客の引き止めと来店頻度の向上、購入金額増大へ向けた施策を組み合わせて行うことに、いままで以上に重点を置くべきなのです。一人の顧客との取引を長期にわたり継続することによって、その長期的価値を測定し、顧客のライフサイクルに合ったマーケティングを実践するというわけです。

また、企業が顧客ロイヤルティーを高めることができれば、**顧客の維持**（Retention）と**関連販売**（Re-sell）、そして**紹介による顧客増**（Referral）が可能となります。

では、実際にどのような方法で顧客維持型プロモーションは実行できるのでしょうか？代表的な実施手法としては**ＲＦＭ分析**があります。これは、顧客の過去の購買履歴を分析して、企業にとって最も優良な顧客を抽出する手法です。

ＲＦＭのＲは「Recency（最近）」のこと、つまり最も最近購入された年月日であり、一般的には最後の購入日からどれくらいの期間が経過しているのかを表します。Ｆは「Frequency（頻度）」で、過去一年などの一定期間に何回購入されたかという購入回数、Ｍは「Monetary（金額）」のことで、一定期間における購買金額を意味します。ＲＦＭそれぞれの変数に企業独自に設定されたウエイトをつけ、その合計の評価点でターゲットとすべき顧客セグメントの抽出およびプライオリティー（優先順位）づけを行います。

顧客維持型プロモーションでもう一つ重要な概念に**顧客進化**があります。これは、店舗による長期的な顧客維持の努力を通じて、一般の顧客が「得意先」から「支持者」へ、さらに「代弁者、擁護者」を経て、最終的には企業の「パートナー」へと質的に進化を遂げるプロセスのことです。顧客進化のプロセスは一般的には次のようになります。

見込み客↓顧客↓得意先↓支持者↓代弁者・擁護者↓パートナー

このように顧客を進化させ、自店のファンをつくるために、その段階に応じたプロモーションを考える必要があります。

まずは、会員カードや顧客カルテなどを作成して顧客データベースを作成し、顧客進化の各段階において次の段階に進化させるための仕組みを構築します。具体的にはサンキューレターや次回以降使用できる割引券や期間限定のクーポン券の発行、会員限定イベントの開催、会員限定サロンの設置、ダイレクトメールや誕生日カードなどの郵送などです。

一般的に、企業（店舗）が新規顧客を一件獲得するのに必要とする経費は、既存顧客を維持する経費の約五倍かかるといわれます。さらに、大半の企業は顧客の二五％以上を毎年失っているという指摘もあります。

また多くの企業では、上位二〇％の顧客で売上全体の七〇～八〇％を確保しているともいわれており、ロイヤルティー・売上貢献度の高い顧客は企業資産の一部であると考えら

RFM分析

RFM分析＝顧客の過去の購買履歴を分析して、企業にとって最も優良な顧客を抽出する手法

R（Recency＝最近）：最も最近購入された年月日

F（Frequency＝頻度）：過去1年などの一定期間に何回購入されたかという購入回数

M（Monetary＝金額）：一定期間における購買金額

↓

それぞれの変数に企業独自に設定されたウエイトをつけ、その合計の評価点でターゲットとすべき顧客セグメントの抽出および優先順位づけを行う

れます。そのため企業は、その顧客維持の手法によって計画的に顧客を企業資産へと移行させる「顧客進化」を実現できるように努力するのです。

また、顧客進化のプロセスにおいて、ステージが上がれば上がるほど、企業（店舗）から見た顧客の戦略的な重要度は増すことになります。なぜなら前述のように、購買・反復購買などによって企業（店舗）に売上を貢献する顧客から、企業（店舗）コンセプトに共感して口コミなどでほかの見込み客へ製品の存在を広め、のちに売上のみでなく既存商品に対するフィードバックや新規事業へとつながるようなアイデアを提案する「戦略的なパートナー」へと進化していくからです。

4-7 店舗と設備①　～訴求機能、誘導機能～

マーケティングミックス要素の三つ目は**店舗と設備**です。前述のマーチャンダイジングやプロモーションと同様に、店舗の基本的方向づけである店舗戦略に基づく形で、店舗と設備についても考えなければなりません。具体的には、店舗構造や駐車場、売場面積、スロープなど店舗に付帯する施設について、次に挙げるような、顧客が入店して購買し、退店するという各プロセスに必要な店舗機能に沿って見ていくことにしましょう。

・店舗に気づいてもらう（訴求機能）
・店舗に入ってもらう（誘導機能）
・店舗内を歩いてもらう（巡回機能）
・商品を見て選んでもらう（展示・選択機能）
・商品を買ってもらう（購買機能）

まず、最初に不可欠なのは、顧客に**店舗に気づいてもらう（訴求機能）**ことです。

店舗の存在をわかってもらうためには、店舗の①外装、②看板、③店頭閑地について考える必要があります。ただ、ここでも単にチェック項目について確認するだけでなく、「策定した自店の戦略である店舗コンセプトに合致した店舗および設備はどのようなものか」ということを具体的に考え、自店独自のプロモーション施策を練っていくべきです。

①外装

店舗の正面全体について考えます。店舗の正面全体のことをファサードといい、上部のパラペットと下部の店頭に分かれます。チェックすべき項目は次のとおりです。

・遠くから見ても店舗の存在がわかるか
・業種・業態特性を反映しているか
・個性・オリジナリティーが表現されているか
・周囲の店舗との調和がとれているか
・夜間の訴求ができているか

②看板

看板も非常に重要です。店舗が密集している地域では、自店の看板が他店の看板に埋もれてしまい、店舗の存在を顧客に訴えることができなくなっているケースをよく見かけます。看板の種類にはサインポール、屋上看板、パラペット看板、突き出し看板などがありますが、それらを目立たせるには照明に工夫する、音を出す、動きをつける、大きい看板にする、色彩に工夫するといった手段が考えられます。ただ、店舗戦略で設定した自店のポジショニングと相反するような方法で目立たせるのは、自店のブランドを下げることになりかねないので注意が必要です。また、色あせなどが早いため、安全性の確認やデザインの見直し、ペンキの塗り替えなど定期的なメンテナンスも必要になるでしょう。

③店頭閑地

店頭閑地とは、店舗のフロント部分のことです。間口が広く奥行きがない店舗が理想です。またショーウインドウやガラススクリーンの装飾、ワゴンセールやイベントなどの特定商品のデモンストレーションなども行うとよいでしょう。

顧客に店舗に気づいてもらったら、次は**店舗に入ってもらう（誘導機能）**工夫を考えます。具体的には、①駐車場、②店内見通しについて考える必要があります。

①駐車場

まずは店舗規模に見合った駐車台数の確保を考えねばなりません。また、駐車しにくい、道路から駐車場に入りにくいなど、心理的なストレスを最小限にとどめる必要もあります。

●店舗に気づいて入ってもらうために検討すべき事項●

機能	チェックポイント	
店舗に気づいてもらう（訴求機能）	外装（店舗の正面全体）	遠くから見ても店舗の存在がわかるか
		業種・業態特性を反映しているか
		個性・オリジナリティーが表現されているか
		周囲の店舗との調和がとれているか
		夜間の訴求ができているか
	看板（サインポール、屋上看板、パラペット看板、突き出し看板など）	照明に工夫する
		音を出す
		動きをつける
		大きい看板にする
		色彩に工夫する
	店頭閑地（店舗のフロント部分）	間口が広く奥行きがない店舗が理想
		ショーウインドウやガラススクリーンの装飾
		ワゴンセールやイベントなどの特定商品のデモンストレーション
店舗に入ってもらう（誘導機能）	駐車場	店舗規模に見合った駐車台数の確保
		心理的なストレスを最小限にとどめる（駐車場の拡大、警備員の配置など）
	店内見通し（店内の開放度と開放感）	開放度は低いのが理想
		開放感は高いのが理想

そのためには駐車場の拡大や警備員の配置などを工夫します。とくに駐車場は競合店より上回ることが重要となる部分なので配慮が必要です。

②店内見通し

　店内の開放度と開放感を考えます。開放度とは店頭の閉鎖度合いのことであり、防塵や防音、空調効果、安全性、防犯などの観点から、開放度は低いのが理想です。また開放感とは店内の見通しの程度であり、外から店内がよく見渡せないのは心理的に入りづらいため、開放感を高めることが重要となります。入り口の幅が狭いと入りにくいため、できるだけ出入口は広くすることが重要です。

4-8 店舗と設備②　～巡回機能～

引き続き、プロモーション施策における店舗と設備について見ていきましょう。

顧客を店舗に誘導することができたら、**次は店舗内を歩いてもらう（巡回機能）**、それもできるだけ長く、できるだけ奥まで歩いてもらうことを考えます。

巡回機能は、回遊性を高めて商品との接触機会を多くし、売上を高めるために重要な段階となります。これを実現するためには店舗レイアウトを考える必要があるのですが、具体的には①動線、②奥への誘導、③レイアウトパターン、④出入口と通路という四項目について考えます。

では、それぞれについて詳説しましょう。

①動線

動線には従業員動線、商品動線、顧客動線がありますが、効率的なオペレーションを実施するため、従業員動線と商品動線は短くする必要があります。逆に、顧客動線は商品との接触時間や接触回数を増やすため、長くする必要があります。具体的には次の五点について検討します。

・マグネットポイント（顧客の注意をひきつける磁石となる売り場）をつくる
・陳列の連続性をつくる
・商品の配置に関連性を持たせる…すき焼きコーナーや鍋ものコーナーの設置のように用途別の品揃えによって商品を買いやすくして、ついで買い・衝動買いを誘い、買上点数を増加させる陳列方法（クロスマーチャンダイジング）など
・低めの陳列じゅう器を使用するなどにより、店内見通しをよくする
・通路幅の確保

②奥への誘導

顧客に店奥にまで来てもらうには仕掛けが必要となります。具体的には動線の部分で挙げた五つのポイントの駆使を検討します。それに加えて、店奥の照明を明るくするといった方法も考えられます。

③レイアウトパターン

ある程度基本的なレイアウトのパターンは店舗コンセプト・商品特性によって規定され

ます。スーパーマーケットやコンビニエンスストアなど、最寄品を扱う店舗の場合によく見られる機能性を重視するために採用される**スクエア方式**（通路が単純で直線的なレイアウト方式）や、衣類や靴、カバンなどの買回品を取り扱う店舗舗で買い物を楽しんでもらって回遊性を強化するレイアウトパターンである**ダイヤモンドトラフィック方式**（通路が複雑で回遊性を工夫したレイアウト方式）など、対象とする自店の店舗コンセプトや商品特性によって設定する必要があります。

④出入口と通路

出入口は、巡回性コントロールのために重要な部分です。基本的に、出入口は少なくするほうが巡回性を高めることができます。とくにスーパーマーケットなどでは入口と出口を分け、入り口で物を買ってすぐにはレジに行けないようにしているケースが多く見られます。さらに、レジはすべての陳列物を過ぎた出口近くに設置する場合が多いものです。

通路幅も顧客がスムーズに通ることができ、買い物もスムーズにできるよう一定幅を確保する必要があります。主通路の幅は一五〇～一八〇cm、副通路幅は九〇cmが最低でも必要です。また、レジ前は一五〇～二〇〇cm必要となります。

また、レイアウトを決める要素として次の五つが挙げられます。モレのないよう、店舗

●店舗内を長く歩いてもらうために検討すべき事項●

機能	チェックポイント		
店舗内を歩いてもらう（巡回機能）	動線（顧客動線を長くするのがポイント）	マグネットポイント（顧客の注意をひきつける磁石となる売り場）をつくる	
		陳列の連続性をつくる	
		商品の配置に関連性を持たせる	
		店内見通しをよくする（低めの陳列じゅう器を使用するなど）	
		通路幅の確保	
	奥への誘導	マグネットポイントをつくる	
		陳列の連続性をつくる	
		商品の配置に関連性を持たせる	
		店内見通しをよくする	
		通路幅の確保	
		店奥の照明を明るくする	
	レイアウトパターン	最寄品：スクエア方式	
		買回品：ダイヤモンドトラフィック方式	
	出入口と通路	出入口	数を減らし、入口と出口を分ける
		通路	主通路：150～180cm
			副通路：90cm以上
			レジ前：150～200cm

コンセプトに従って方針を決定していきます。

(i)店舗構造の確認…間口や奥行きなどの形状、面積、デッドスペース、柱、階段、天井の高さ、床を確認

(ii)ブロックの検討…店前・店央・店奥の役割分担、面積配分、販売形態（セルフサービス、対面販売など）

(iii)動線の確認…顧客動線は長く、商品動線・従業員動線は短く

(iv)部分構成…店頭、外装、通路、商品配置、サービス施設、管理施設

(v)内装デザインと陳列じゅう器の決定…じゅう器選択、素材、色彩、照明など

4-9 店舗と設備③ ～展示・選択機能～

マーケティングミックスにおける店舗と設備の続きを見ていきます。

店内をより長く歩いてもらう工夫ができたら、次は**商品を見て選んでもらう（展示・選択機能）**工夫をします。いかに商品を見やすくするか、またいかに商品を選びやすくするかについて検討するわけです。

陳列について考える際には、一般的に①見やすい、②手に取りやすい、③選びやすい、④わかりやすいという四つの原則を念頭におく必要があります。

では、それぞれについて見ていきましょう。

①見やすい

商品の最も魅力ある面を見せることが必要です。フェイス（棚の位置）管理では、魅力面の表示、商品の高さいっぱいに棚の間隔を縮小するなどの棚間隔の管理、売れ行きによってフェイス数を調整、前出し陳列の励行、縦陳列の重視などが重要になります。

②手に取りやすい

日本人が手に取りやすい最有効陳列範囲としては、一般的に男性で床上七〇～一六〇cm、女性六〇～一五〇cmといわれています。また有効陳列範囲外の活用としては、上部は展示スペース、下部はストックスペースとして活用する方法が考えられます。

③選びやすい

色のコントロール、照明方法に工夫する必要があります。

まず色は、一般的な色から連想するイメージというものがあり、赤・オレンジなどの暖色系は売り出しやムードを連想、青などの寒色系は高級感や落ち着きを連想するため、店舗コンセプト・売場に合わせて決定します。

照明に関しては、全体照明と部分照明があります。

まず、全体照明は店舗全体を均等に照らす照明のことであり、コンビニエンスストアやスーパーなどの最寄品業種は全体照明が主となります。平均的な照度として五〇〇ルクス程度は必要となります。一方、最寄品業種では蛍光灯がメインとなる店舗が多くなります。蛍光灯以外の光源としては電球などの白熱灯があります。白熱灯は蛍光灯より電気代がかかり、照度が低い反面、高級感を出すというメリットがあり、買回品業種で多く見られます。

一方、部分照明とは特定の場所や商品を重点的に照らす照明のことで、スポットライトで売場を強調します。ブティックや宝石店など買回品業種で活用されます。また、部分照明の方法には直接照明と間接照明があります。直接照明とは、光源から出る光を直接利用する方法です。また、間接照明とは光源からの光を壁などに反射させて間接的に利用する方法であり、ブランドショップやバーなどで店内の雰囲気を出すために活用されています。またその中間で、光源から出る光をカバーを通して利用する半間接照明という方法もあります。色彩や照明も店舗づくりの重要な要素となるため、このような最低限の知識は身につけておく必要があります。

④わかりやすい

陳列小道具、POP、装飾物などでわかりやすく表示することを考えます。代表的なPOPでは、最寄品では価格訴求、買回品では商品特徴を訴求します。また店舗コンセプトをアピールするにはスローガンを訴求します。

これら四つの原則を踏まえて、陳列の種類を見ていきましょう。陳列の種類には(i)量感陳列、(ii)展示陳列、(iii)変化陳列の三つがあります。

●商品を見て選んでもらうために検討すべき事項●

機能	チェックポイント		
商品を見て選んでもらう機能（展示・選択機能）	見やすい（商品の最も魅力ある面を見せる＝フェイス管理）	魅力面の表示	
		棚間隔の管理	
		売れ行きによるフェイス数の調整	
		前出し陳列の励行	
		縦陳列の重視	
	手に取りやすい	最有効陳列範囲	男性：床上70〜160cm
			女性：床上60〜150cm
		有効陳列範囲外：上部を展示スペース、下部をストックスペースとして活用	
	選びやすい	店舗コンセプト・売場に合わせた色のコントロール	
		店舗コンセプト・売場に合わせた照明の工夫	
	わかりやすい（陳列小道具、POP、装飾物などでわかりやすく表示）		

(i) **量感陳列**…活気、ボリューム感、安さなどを訴求するための陳列で、最寄品に適している。具体的には島出し陳列やエンド陳列、スロット陳列、ジャンブル陳列などがある

(ii) **展示陳列**…美しさ、センス、コーディネートなどを訴求するための陳列で、洋服などの買回品に適している。具体的には集視陳列やケース上陳列、壁面上部陳列などがある

(iii) **変化陳列**…意外感、わかりやすさを訴求するための陳列で、最寄品・買回品ともに適している。具体的には空間陳列やサンプル陳列などがある

4-10 店舗と設備④ ～購買機能～

商品を見てもらって選んでもらう工夫をしたあとは、**商品を買ってもらう**（**購買機能**）工夫、つまり顧客が商品を買いやすくするための工夫をします。ポイントは次の三点です。

①レジ・包装台の配置

一般的に最寄品を扱う店舗では店頭、買回品を扱う店舗では店奥に配置します。

②コミュニティスペースの設置

具体的にはカウンター、相談サロン、応接コーナーなどです。役割としては個別カウンセリング、商品アドバイス、商品情報提供、商品説明、使用方法の説明などがあります。

③販売形態

店舗コンセプトに合わせて販売形態を決定します。機能性を重視して効率的なオペレーションでいくか、それとも個別対応などで付加価値提供サービスをするかによって変わってきます。販売形態は大きく**クラークサービス**（対面販売・側面販売）と**セルフサービス**

●商品を買ってもらうために検討すべき事項●

機能	チェックポイント	
商品を買ってもらう（購買機能）	レジ・包装台の配置	最寄品を扱う場合：店頭
		買回品を扱う場合：店奥
	コミュニティスペースの設置	カウンター
		相談サロン
		応接コーナー
	販売形態	クラークサービス（対面販売・側面販売）
		セルフサービス（セルフセレクション、セミセルフサービス）

（セルフセレクション、セミセルフサービス）の二つに分類できます。

本章でチェックしてきた各ポイントをマーケティングミックスとしてまとめ、自店に合わせてより詳細で具体的な施策をアクションプランに落とし込んでいくことにより、体系的で戦略に沿った戦術部分が完成します。

ただ気をつけなければならないのは、前提となる環境の変化に伴って、戦略である自店の店舗コンセプトに微調整が必要になった際には、戦術の再設計も必要になるということです。作成された自店全体の戦略プランは常にモニタリングして調整を継続的に行っていく心構えと、それらを推進する仕組みを持ったうえで日々の店舗経営に活かしてください。

COLUMN

店舗戦略に基づく戦術の策定

COLUMN

環境分析に基づいて店舗の方向性である店舗戦略を立案したあとは、それに基づく具体的施策（マーケティングミックス）を決定しなければなりません。店舗の具体的施策（マーケティングミックス）の立案とは、前述のとおりマーチャンダイジング（品揃え）、プロモーション、店舗と設備の三つに関して具体策を決めることです。

この段階においても環境分析や店舗戦略との一貫性が大切になります。つまり、「このような店舗戦略を策定したのだから、このような具体的施策になる」というロジック（論理）を意識しなければならないわけです。なぜなら、一貫性がなければ顧客への訴求力が弱くなってしまい、結局購買に至る前に競合店に顧客を奪われ、自店で買い物をしてもらえなくなってしまうからです。

第3章のコラム「店舗戦略立案の事例」で説明したスーパーマーケットの事例を用いて、店舗の具体的施策（マーケティングミックス）の立案を考えてみましょう。新宿のベッドタウンにある中堅スーパーが、環境分析の結果、次のような店舗戦略を導き出したとします。

・顧客層…六五歳以上の高齢者で、自動車が運転できない層

・顧客層のニーズ…買い物を楽しみたいと思っており、アクティブに充実した生活を送ることを望んでいる

・差別化できる特徴…低コレステロールかつ栄養価の高いレシピ提案・惣菜の提供、店舗への送迎サービスの展開、自宅への食材・惣菜の無料宅配サービスの展開

では、この店舗戦略に基づいて具体的施策を考えていきます。

①マーチャンダイジング（品揃え）

(i)商品ライン…食品を中心に、衣類、雑貨など高齢者の生活に密着する品揃え提案

・食品：野菜、果物、精肉、鮮魚、惣菜、日配、菓子、酒など

・衣類：下着、普段着など

・雑貨：トイレットペーパー、ティッシュペーパー、調理器具、線香、ローソクなど

(ii)商品アイテム

・食品：健康志向が強い高齢者に対して、無農薬、有機栽培、生産業者指定の野菜や畜産物、鮮魚の提供

・低カロリーの日配品のアイテムは豊富に揃える。豆腐、こんにゃく、厚揚げ、ちくわ、油揚げ、さつま揚げ、生ひじきは、高級品から標準品まで各五種類以上を用意

・低カロリーかつ栄養価の高いメニュー提案で季節に合わせた売場提案を行う。たとえば冬場であれば牡蠣鍋、たらちり、湯豆腐コーナーの設置など
・惣菜は油っぽいものを極力減らし、芋の煮つけや焼き魚などコレステロールの低く、胃にやさしいものを取り揃える
・老夫婦世帯向けに一パックの分量は競合店よりも少なくする
・無料宅配用に一週間分の朝食、昼食、夕食七回分（計二一食）のメニュー提案とパッケージ商品を季節に合わせて半年分用意
・衣類は肌に優しく保温効果のある下着の品揃えを充実させる。低反発枕、冷え防止肩当てなど安眠グッズを充実させる
・雑貨類は、商品の差別化が図りにくいため定番商品を大規模スーパーと並ぶ低価格で販売
・宅配用に冷蔵車（冷凍庫つき）を五台配備し、朝・昼・夜の効率的巡回ルートを決める
・小学校や神社などランドマークとなる箇所を高齢者用シャトルバスの停留所として、一時間に一本のペースで運行

(iii)仕入計画、在庫管理

・仕入先を厳選する。豆腐製品は人形町にある有名豆腐店と契約をする。独自ルートを持つ

精肉・鮮魚の卸売業者との取引を増やす
・冷蔵ケース、冷蔵庫の温度を一日三回チェックし、鮮度管理を徹底させる
・マグロ、生イカ、刺身の盛り合わせなどの変色に注意し、鮮度を訴求
・生もので売れ残ったものは鮮度が悪くならないうちに、焼き魚や煮つけに転用
・冷蔵庫には過剰な在庫を持たない（二・五日分まで）

②プロモーション
・店頭にて専属栄養士が作成した低カロリー・低コレステロール・高栄養価レシピを日替わりで配布
・POP広告は字を大きくし、老眼の人でもわかりやすいように心がける
・レジ前に大福やようかん、みたらし団子、お供え用菓子、くずもちなどの和菓子を陳列
・目玉商品、高級食材はフェース数を増やす
・惣菜・サラダコーナーは、カフェテリア形式で自由に取ってもらう形式（量り売り）を採用し、一つ一つの惣菜類にボリューム感を持たせた陳列をする
・商品の配置に関連性を持たせ、高齢者が店内を多く歩かなくてもよいように配慮
・エリアを五つに分け、一カ月に一回ポストに投げ込みチラシを入れる

・地方紙、全国紙に週一回B4サイズの新聞折り込みチラシ（カラー両面）を入れる。字は大きく、今週のテーマとメニュー提案でチラシの差別化を図る

③店舗と設備

・背の低い高齢者が手に取りやすいように陳列ケースは低めのものとし、有効陳列範囲の中でも最も目につきやすいゴールデンゾーン（最有効陳列範囲）を通常より一〇㎝下げ、五〇～一四〇㎝とする

・健康をモチーフとして、店舗の色彩は緑色で統一感を出す

・営業時間は、朝一〇時から夜八時までとする。ただし宅配の受付は、FAXにて二四時間受け付ける

・高齢者用に段差をなくす店舗設計とし、スロープ、障害者用トイレを設置

・栄養士が常駐する健康コーナーを設け、モデルメニューの閲覧と個別相談に応じる

・野菜、精肉、鮮魚は対面販売を心がけ、高齢者が店員との会話を楽しめるように配慮

・シャトルバスの停留所を出入り口二〇ｍのところに設置

・通路幅は、高齢者がゆったりと買い物ができるように、主通路二〇〇㎝、副通路一五〇㎝を確保

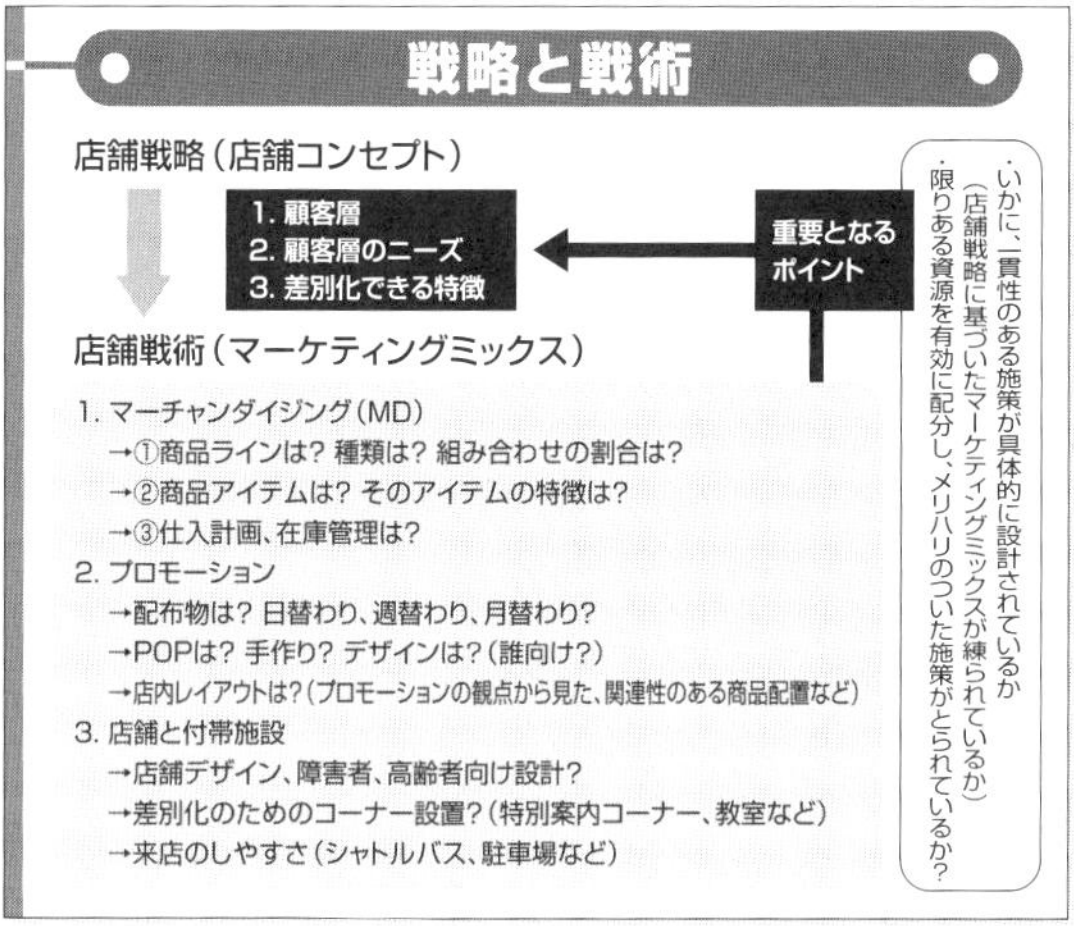
戦略と戦術
店舗戦略（店舗コンセプト）
1. 顧客層
2. 顧客層のニーズ
3. 差別化できる特徴
重要となるポイント
・いかに一貫性のある施策が具体的に設計されているか
（店舗戦略に基づいたマーケティングミックスが練られているか）
・限りある資源を有効に配分し、メリハリのついた施策がとられているか？
店舗戦術（マーケティングミックス）
1. マーチャンダイジング（MD）
→①商品ラインは？ 種類は？ 組み合わせの割合は？
→②商品アイテムは？ そのアイテムの特徴は？
→③仕入計画、在庫管理は？
2. プロモーション
→配布物は？ 日替わり、週替わり、月替わり？
→POPは？ 手作り？ デザインは？（誰向け？）
→店内レイアウトは？（プロモーションの観点から見た、関連性のある商品配置など）
3. 店舗と付帯施設
→店舗デザイン、障害者、高齢者向け設計？
→差別化のためのコーナー設置？（特別案内コーナー、教室など）
→来店のしやすさ（シャトルバス、駐車場など）

・重量のある買い物をした高齢者用に出口に荷物持ち係（ポーター）を配備
・駐車場は広げず現状の四〇台の駐車台数を維持
・夕食メニューが一カ所ですべて揃う「今日の夕食コーナー」は店奥に配置し、マグネットポイントとする

このように、店舗戦略に合致するようにマーチャンダイジング、プロモーション、店舗と設備についての具体策を考えていきます。

実際の店舗では、この例よりもかなり多くのことを考えなくてはなりませんが、まずはこのような簡単なケースで戦略と戦術の一貫性の重要さを感じ取っていただければよいでしょう。

■参考文献一覧

『マーケティング・マネジメント（第７版）』フィリップ・コトラー著／村田昭治監修／小坂　恕＋疋田　聰＋三村優美子訳（プレジデント社）

『コトラーのマーケティング・マネジメント　ミレニアム版』フィリップ・コトラー著／恩藏直人監修／月谷真紀訳（ピアソン・エデュケーション）

『コトラーのプロフェッショナル・サービス・マーケティング』フィリップ・コトラー＋トーマス・ヘイズ＋ポール・ブルーム著／白井義男監修／平林　祥訳（ピアソン・エデュケーション）

『流通業・サービス業の市場予測・調査』水尾順一著（同友館）

『民力2003』朝日新聞社編（朝日新聞社）

『［新訂］競争の戦略』M.E.ポーター著／土岐　坤＋中辻萬治＋服部照夫訳（ダイヤモンド社）

『図解　攻めの店舗「力」』鈴木哲男著（商業界）

『図解「売場の計数」ここだけわかればお店はイッキに甦る！』永島幸夫著（すばる舎）

『流通経済の手引　2003年版』日経ＭＪ（流通新聞）編（日本経済新聞社）

『平成14年度商業統計表』経済産業調査会／経済産業統計協会（財務省印刷局）

『中小企業の経営指標（平成14年度調査、平成15年版）』中小企業庁編（中小企業診断協会）

「食品商業」2000年５月増刊号『スーパーマーケット店長の教科書』（商業界）

■著者紹介
グローバルタスクフォース株式会社
事業部マネジャーや管理本部長、取締役や監査役を含む主要ラインマネジメント層の採用代替手段として、常駐チームでの事業拡大・再生を支援する経営コンサルティング会社。2001年より上場企業の事業拡大・企業再生を実施。上場廃止となった大手インターネット関連企業グループの再生のほか、約50のプロジェクトを遂行する実績を持つ。主な著書に「通勤大学MBA」シリーズ、『ポーター教授「競争の戦略」入門』(以上、総合法令出版)、『わかる！MBAマーケティング』『早わかりIFRS』(以上、PHP研究所)、『トップMBAの必読文献』(東洋経済新報社)など約50冊がある。世界の主要ビジネススクールが共同で運営する世界最大の公式MBA組織“Global Workplace”日本支部を兼務。
URL http://www.global-taskforce.net

通勤大学文庫
通勤大学実践MBA　店舗経営
2004年３月９日　初版発行
2012年12月13日　3刷発行

著　者　グローバルタスクフォース株式会社
装　幀　倉田明典
イラスト　田代卓事務所
発行者　野村直克
発行所　総合法令出版株式会社
〒107-0052　東京都港区赤坂1-9-15
日本自転車会館2号館7階
電話　03-3584-9821
振替　00140-0-69059
印刷・製本　祥文社印刷株式会社
ISBN978-4-89346-834-5